가재 사랑

시와 캘리그라피의 만남

글·그림 박시원

(시인의 말)

　첫 시집 『타인의 거리(2023년)』와 두 번째 시집 『새를 위한 청문회(2023년)』를 문밖에 놓아둔 채, 덧없이 시간이 흐릅니다. 세월이 흐르고 또 계절이 오가는 사이 세상으로부터 가뭇없이 멀어지는 것이 못내 아쉬워 그동안 카페와 유튜브에 오래된 유물처럼 쌓아 올린 시화를 정리해 "가짜 시인"이란 이름으로 시화집을 내놓습니다. 세상 밖으로 서툰 시와 어눌한 그림을 엮어 둥지 위 탁란처럼 놓아둡니다.

　인생은 가까이서 보면 비극이고 멀리서 보면 희극이란 말이 있습니다. 살다보면 그것이 비극이든 희극이든 어느 누구도 생각치 못한 일들이 매일같이 일어납니다. 우리라는 한 울타리에서 즐겁고 행복한 일들만 가득했으면 합니다. 꿈과 희망이 가득한 세상에서 서로 부대끼며 살고 싶습니다.

　고마운 분들의 도움으로 시화집 가짜 시인을 갈무리하고 다시 미지의 세계를 향한 도전과 새로운 여행을 준비하려 합니다. 감사합니다.

2025년 어느 봄날
박 시 원 배상

(차례)

제1부
붓으로 통하는 세상이야기

붓으로 통하는 세상이야기 • 12 │ 저 석양을 지워낼 수 있는 것은 • 13 │ 별거 없잖아요 • 14 │ 이미 너무 멀리 걸어왔다 • 15 │ 꽃이 피고 지었다는 • 16 │ 함께 걷고 싶어요 • 17 │ 사람들은 행복할 때 • 18 │ 하얀 새떼가 • 19 │ 절망은 하나 뿐이야 • 20 │ 사랑하면 할수록 • 21 │ 골 깊은 가슴에 • 22 │ 오늘은 왠지 • 23 │ 기쁠 때나 슬플 때나 • 24 │ 처음부터 차근차근 • 25 │ 그 산에 가고 싶다 • 26 │ 거리엔 붉은 멍이 들었다 • 27 │ 이제, 모두 떠나라 • 28 │ 누가 꽃의 배후를 보는가 • 29 │ 청춘과 황혼 사이에는 • 30 │ 젊다는 것은 • 31 │ 내면이 고요할수록 • 32 │ 너무 힘들어 마 • 33 │ 이쯤에서 멈춰 • 34 │ 계절이 비껴가는 거리에서 • 35 │ 세상 길이란 누군가에게 • 36 │ 오후 한 때 비 • 37 │ 너에게 반했어 • 38 │ 오늘은 흐린 날이지만 • 39 │ 무엇을 위해 그리 애쓰는가 • 40 │ 밥술, 일기, 꽃봉, 구름, 캘리 • 41 │ 봄꽃이 지고 어느새 • 42 │ 숲이 흔들린 까닭은 • 43 │ 들꽃이 피어나 • 44 │ 나이에 늙어가는 것이 아니라 • 45 │ 세상이 환해지는 것은 • 46 │ 심장이 뜨거운 사람 • 47 │ 그리움 • 48 │ 세상 어디에도 정답은 없다 • 49 │ 봄 여름 가을 겨울 • 50 │ 성공의 밑바탕엔 • 51 │ 생경한 길에서 • 52 │ 그 길에선 안개마저 • 53 │ 살다보면 • 54 │ 따스한 손 • 55 │ 그립다는 말 밖에 • 56 │ 내가 누군가의 세상이 될 때 • 57 │ 끈기와 인내로 • 58 │ 별 • 59 │ 나에게 • 60 │ 누구에게나 • 61 │ 감동 한 잔 드립니다 • 62 │ 당신은 늘 • 63 │ 내일은 좀 더 편해질 거에요 • 64 │ 겨울 전령 • 65 │ 어느새 모퉁이에 • 66 │ 그래야 나도 행복하니까 • 67 │ 힘내 잘 될 거야 • 68 │ 긴 호흡으로 • 69 │ 느지막이 머리 숙이고 • 70 │ 꼭 되라 • 71 │ 이슬에 젖은 소매를 • 72 │ 바람부는 대로 물 흐르는 대로 • 73 │ 길변으로 꽃들이 만발합니다 • 74 │ 스스로 즐길 수 없다면 • 75 │ 자신의 결정이 • 76 │ 길을 잃는다는 것은 • 77 │ 남자와 여자 • 78 │ 꽃 향기도 오늘의 날씨도 • 79 │ 서로의 생각과 마음 • 80 │ 끙끙 • 81 │ 그러함에도 사랑합니다 • 82 │ 겨울이 지나면 • 83 │ 혼자가 모여 • 84 │ 무거운 발걸음 • 85 │ 꽃처럼 화사한 마음으로 • 86 │ 힘이 되는 사람 • 87 │ 꽃도 사람도 • 88 │ 가짜 친구 진짜 친구 • 89

제2부
기억나지 않는 밤

당신의 환한 미소 • 92 │ 서로 사랑하며 살자 • 93 │ 언제나 그대는 아름답게 빛나라 • 94 │ 봄날은 가네 • 95 │ 그대는 아름다운 꽃으로 • 96 │ 잘 하고 있어 토닥 토닥 • 97 │ 세상 어디 어느 한구석 • 98 │ 볕이 쏟아지는 날 • 99 │ 바람이 불어오는 곳 • 100 │ 그대에게 안부를 묻는다 • 101 │ 백지 위에 꽃을 그렸다 • 102 │ 월화수목금토일 • 103 │ 말이란 • 104 │ 바람에 꽃은 피고지고 • 105 │ 그날이 봄날이다 • 106 │ 스스로 단점을 만들지 마라 • 107 │ 네 생각이 났어 • 108 │ 행복이 꽃 피는 집 • 109 │ 바람이는 언덕에서 • 110 │ 해바라기처럼 • 111 │ 희망이 꽃 핀다 • 112 │ 길에서 길을 묻고 • 113 │ 새들처럼 • 114 │ 참 • 115 │ 기억나지 않는 밤이 불쑥 찾아온다 • 116 │ 그대에게 가는 길 • 117 │ 사랑공작소 • 118 │ 세상 미운 꽃이 없듯 • 119 │ 그대는 • 120 │ 까꿍 여보세요 • 121 │ 그대가 그리운 날엔 • 122 │ 꽃자리에 그대 향한 그리움만 • 123 │ 다정한 말에는 • 124 │ 어둠은 고립의 시간 • 125 │ 너나없이 • 126 │ 느낌이 좋아 • 127 │ 계절이 지나는 길에서 • 128 │ 행복이란 문은 • 129 │ 네 인생에도 • 130 │ 내일을 향해 • 131 │ 저기 먼 발치에 가을이 오네 • 132 │ 늘 별처럼 빛나길 • 133 │ 이미 잎새지는 길에 서 있다 • 134 │ 눈 앞에서 하늘이 쪼개진다 • 135 │ 끄적끄적 캘리 • 136 │ 행복과 기쁨 • 137 │ 매미 • 138 │ 별 헤는 밤 • 139 │ 너도 나도 굿데이 • 140 │ 취기 도사린 길가에 • 141 │ 봄이 오면 내 마음에도 • 142 │ 견고한 얼개처럼 • 143 │ 같은 곳을 바라보는 • 144 │ 사람 사이에 섬이 있다 • 145 │ 행여 우리 다시 • 146 │ 꽃 피는 봄이 오면 • 147 │ 당신이 참 좋다 • 148 │ 달달한 커피 • 149 │ 갈대는 바람을 등지고 • 150 │ 주문하신 꿈은 • 151 │ 커피 한 잔 • 152 │ 동행 • 153 │ 오늘이란 • 154 │ 곧 구름도 걷히겠다 • 155 │ 편지는 바람부는 날 쓰는거야 • 156 │ 바람을 이기는 꽃 • 157 │ 난파선같이 침몰하지는 말아요 • 158 │ 따스한 봄날 • 159 │ 벽과 벽 사이에도 • 160 │ 반짝 반짝 • 161 │ 사랑의 징표 • 162 │ 오식 사랑꽃이나 • 163 │ 빈 잔을 채우는 것이 • 164 │ 기적에 대한 믿음 • 165 │ 마을에 비가 뿌렸다 • 166 │ 당신이 꽃입니다 • 167 │ 그리움에 마음을 적시네 • 168

(차례)

제3부
인생, 뭐 있어

함께 걸어줄 누군가 있다는 것 • 170 | 도전하지 않으면 • 171 | 새들은 추락하는 것을 • 172 | 기어코 내 품에 안긴 당신 • 173 | 다시 일어나면 되는거야 • 174 | 쿨하게 살자 • 175 | 너를 사랑하였다 • 176 | 내가 만든 꽃 • 177 | 찬바람 불어와 • 178 | 자생하는 갱년의 시대 • 179 | 어머니 • 180 | 우리 손잡고 • 181 | 사랑이 봄처럼 다가옵니다 • 182 | 내 꿈을 향해 • 183 | 엄니 내음 그리워 • 184 | 행운 • 185 | 내 사랑아 • 186 | 당신의 사랑은 • 187 | 인생, 별거 없다지만 • 188 | 그 섬 사이엔 • 189 | 우리 만남은 필연이다 • 190 | 긴 동안거를 마치고 • 191 | 봄꽃을 기다리듯 • 192 | 꽃이 피다 • 193 | 당신을 바라본다 • 194 | 당신은 내 마음 속에 • 195 | 바람이 불어도 • 196 | 인생 뭐 있어 • 197 | 고소한 커피향같은 • 198 | 꽃길만 걸어요 • 199 | 견고한 나무처럼 • 200 | 새를 보라 • 201 | 길에서 길을 묻다 • 202 | 언제나 그리움은 • 203 | 아는 만큼 • 204 | 별이 빛나는 밤에 • 205 | 당신의 마음을 바라봅니다 • 206 | 설레임이 없다면 • 207 | 천상운집 • 208 | 뒷것으로 살다간 사람 • 209 | 넌지시 연통을 줍니다 • 210 | 가짜 시인 • 211 | 누가 뭐래도 • 212 | 길변 꽃들이 시들기 전에 • 213 | 호랑가시나무의 추억 • 214 | 오늘이 걸려 있다 • 215 | 당신은 참 나쁜 사람입니다 • 216 | 사랑할수록 거리를 • 217 | 나는 네가 그리웠다고 • 218 | 무슨 상관있으랴 • 219 | 선으로 말해요 • 220 | 아직 새물이 오르지 않았다 • 221 | 잘 가고 있는 거에요 • 222 | 삶 • 223 | 언제쯤 꽃이 피려나 • 224 | 먼 깊은 바다, 고래는 • 225 | 남겨진 바람 • 226 | 내 청춘아 내 사랑아 • 227 | 행복은 • 228 | 공감의 기적 • 229 | 행복과 불행 • 230 | 행복한 사람은 앞을 보고 • 231 | 째깍거리는 세월이 늙어갔다 • 232 | 피어나 • 233 | 잠시라는 말 속에 • 234 | 우리라는 말을 • 235 | 마음을 비워야 • 236 | 꼬마 눈사람 • 237 | 장미꽃으로 세상을 채우고 • 238 | 꽃은 바람을 벗 삼아 피어난다 • 239 | 내가 변하지 않으면 • 240 | 험담을 담으면 • 241 | 내일은 더 이쁘고 • 242 | 다시 만날 결심 • 243

제4부
그래야 나도 행복하니까

진정한 친구 • 246 | 진실이 매몰되었다고 • 247 | 예쁜 마음에 꽃이 피다 • 248 | 인생이란 백지 위에 • 249 | 노랑으로 개나리를 그리고 • 250 | 눈의 은신처 • 251 | 온종일 들꽃과 • 252 | 밤새 별빛을 가슴에 담아 • 253 | 정직한 열매만이 • 254 | 진실의 껍질은 • 255 | 이런 사람이 있습니다 • 256 | 나무와 숲 • 257 | 가까이 있을 때 • 258 | 담벼락 아래 • 259 | 털어내 그냥 • 260 | 무지개 구름을 타고 • 261 | 그리운 것은 • 262 | 가끔 먼 발치에서 • 263 | 누구보다 치열하게 • 264 | 마냥 걷는다 • 265 | 사랑이 시들지 않는 • 266 | 하늘에서 가을이 떨어진다 • 267 | 완벽한 소멸은 없다 • 268 | 당신의 여름은 • 269 | 세상 아름다움을 • 270 | 세상 바닥은 • 271 | 맨날 그리운 너 • 272 | 단맛이 없거나 잃으면 • 273 | 세상 꽃이 하나라면 • 274 | 욕쟁이 아저씨 • 275 | 인생에 있어 성공이란 • 276 | 제 자리를 비우거나 떠날 때 • 277 | 꿈 속에서 당신을 보았습니다 • 278 | 초록은 동색 • 279 | 나도 한 땐 • 280 | 사랑은 그렇게 피어 • 281 | 넌 왜 웃니 • 282 | 삶이 가장 어려울 때 • 283 | 그냥 좋은거야 • 284 | 자신감과 자만 • 285 | 인생은 폭풍이 지나가기를 • 286 | 바람부는 날이면 • 287 | 내 눈에 세상을 담기엔 • 288 | 내실없이 • 289 | 낯선 사람처럼 • 290 | 산이 흔들렸다 • 291 | 사랑이란 말은 • 292 | 잘 될거라 믿어 • 293 | 이 세상에 사랑이 • 294 | 세찬 바람이 불었고 • 295 | 어쩜 넌 그리 • 296 | 믿음이 깨지는 순간 • 297 | 작은 소망을 • 298 | 바람은 서늘하고 • 299 | 꿈은 잘 익은 사과처럼 붉다 • 300 | 바람 꽃 피어나 • 301 | 흔들림에 대하여 • 302 | 세월이 지나서야 • 303 | 당신만 바라봅니다 • 304 | 그럼에도 불구하고 • 305 | 희망이 있는 사람에겐 • 306 | 세상 풍파가 거세도 • 307 | 황혼이란 • 308 | 일장춘몽 • 309 | 흔들릴 필요는 없어 • 310 | 타인에 대한 험담은 • 311 | 꽃이 피어나 • 312 | 작게 시작하여 • 313 | 어깨에 한 편의 짧은 시를 • 314 | 그리움 가득한 날 • 315 | 석양이 아름다운 것은 • 316 | 어쩌면 바람은 • 317 | 사랑스러워져라 • 318

(차례)

제5부
백지 위에 꽃을 그렸다

활짝 핀 수국 옆에 • 320 │ 고통과 절망을 이겨내는 묘약은 • 321 │ 꽃처럼 피어날 당신 • 322 │ 꽃이 몇 번 피었다 졌는지 • 323 │ 온통 머리가 어지러운 것은 • 324 │ 사랑하니 사랑하오니 • 325 │ 시간이 흐르면 • 326 │ 갈 길은 아주 먼데 • 327 │ 언제나 그 자리에서 빛나는 당신 • 328 │ 때가 되면 • 329 │ 사막이 아름다운 것은 • 330 │ 당신이 바로 • 331 │ 몇 번 새가 울고 갔는지 • 332 │ 바람은 대답했다 • 333 │ 만남 • 334 │ 내 마음이 • 335 │ 기다림과 그리움 • 336 │ 가을엔 • 337 │ 곤경에 처한 사람에게 • 338 │ 내 발그림을 • 339 │ 태양을 바라보고 살아라 • 340 │ 세상 한구석 • 341 │ 다가올 봄처럼 • 342 │ 마음의 선 • 343 │ 자신의 말과 행동에 • 344 │ 속 깊은 호주머니에 • 345 │ 발자국 • 346 │ 달빛 넘는 담장 아래 • 347 │ 달력 위를 거니는 • 348 │ 바람이 분다 • 349 │ 말 속에는 • 350 │ 밤 하늘 아래 • 351 │ 널 위해 준비한 마음 • 352 │ 작은 개울이 모여 • 353 │ 우리의 아름다운 날들이여 • 354 │ 해를 닮은 • 355 │ 머나먼 시원의 땅으로 • 356 │ 길고 어두운 밤도 지나고 • 357 │ 삶이란 • 358 │ 생을 위해 • 359 │ 봄꽃이 무장무장 • 360 │ 나 자신에게 • 361 │ 세상 둥글게 사는 것도 • 362 │ 안개와 바람 길이 • 363 │ 창 밖을 보라 • 364 │ 꽃은 비바람을 • 365 │ 꽃도 사랑도 • 366 │ 오늘도 맑음 • 367 │ 까닭없이 • 368 │ 세상 꽃들은 • 369 │ 꽃으로 피어라 • 370 │ 세상에서 가장 기쁜 일은 • 371 │ 꽃보다 아름다운 사람을 • 372 │ 고드름 • 373 │ 거미줄에 • 374 │ 인생의 가장 아름다운 날은 • 375 │ 피어야 하는 것은 • 376 │ 비에 언땅이 녹고 • 377 │ 마음의 다리 • 378 │ 정든 사람들 • 379 │ 집에 창을 내지 않으면 • 380 │ 커피 한 잔의 여유 • 381 │ 컵, 외통수에 걸린 세상 • 382 │ 세상 길이란 • 383 │ 나는 내 자리에서 • 384 │ 풍요와 빈곤의 기준 • 385 │ 너무 서두르지 말자 • 386 │ 인연 • 387 │ 눈꽃 • 388 │ 누가 고양이 목에 • 389 │ 삶이란 • 390 │ 얼마나 그립다고 • 391 │ 태풍이 지났다 • 392 │ 오늘도 고맙고 • 393 │ 날지 못하는 새가 있다 • 394 │ 문 밖 세월은 • 395 │ 뻔히 답을 알면서 • 396 │ 누군가 활짝 핀 꽃을 훔쳐갔다 • 397 │ 너의 삶은 • 398

제1부
붓으로 통하는 세상이야기

붓으로 통하는 세상이야기

붓으로 통하는 세상이야기

저 석양을 지워낼 수 있는 것은

저 석양을 지워낼 수 있는 것은
내일 다시 떠오를 태양뿐이다

별거 없잖아요

별거 없잖아요

별거 없잖아요
살다보니 살아지니
삶을 즐겨요
복잡하게 살지 말아요
살다보니 별거 없잖아요
별거 없잖아요

이미 너무 멀리 걸어왔다
되돌아 가기엔 많은 시간이 흘렀고
흘러간 길과 시간에 대해 후회는 없다
|시원|

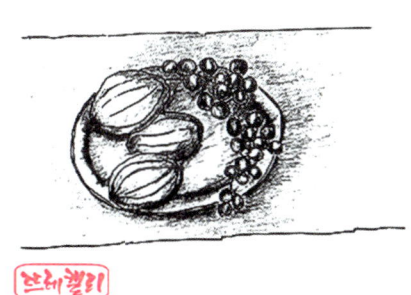
|트레빌리|

꽃이 피고 지었다는

꽃이 피고 지었다는
소식을 듣지 못했다
출처 모를 아픔이
가슴속으로 밀려왔다
나이 들었다는 무정한 말을
더 이상 듣고 싶지 않았다

함께 걷고 싶어요

당신과 함께 머나먼 길을 걷고 싶어요
꽃 만발한 길을 손 잡고 가고 싶어요

사람들은 행복할 때

사람들은 행복할 때
자신의 행복을 잊고 살며
고통 속으로 접어들 때
비로소 그것이
행복이었음을 안다

하얀 새떼가

하얀 새떼가
머리 단장하고 모여든다
일바닥에 차려진
따끈따끈한 아침밥상
저리 좋을까

절망은 하나 뿐이야

절망은 하나 뿐이야
희망은 모래알처럼 많아

오늘 절망하여도 내일은 희망이 있어
세상 모래알처럼 많은 희망을 가지고
오늘보다 나은 내일을 위해 걸어가자

 시원

사랑하면 할수록

사랑하면 할수록
더욱 그리워지는 당신
꽃잎 휘날리는 길에서
당신을 기다립니다
사랑하면 할수록
더 그리워지는 당신
꽃처럼 찾아와주오

골 깊은 가슴에

골 깊은 가슴에 못을 치지마라
한번 박힌 못은
죽어서도 못 빼나니
함부로 망치질 하지 마라
공연히 아기 단잠 깨울라

박시원

오늘은 왠지
큰 행운이
나에게
올 것 같아

오늘은 왠지

기쁠 때나 슬플 때나

기쁠 때나
슬플 때나
행복할 때
주위를 둘러 보세요
평생 함께할
동반자가 있을지 몰라요

처음부터 차근차근

기초없이 쌓아올린 성은
쉽게 무너지는 모래성이다
처음부터 차근차근

그 산에 가고 싶다

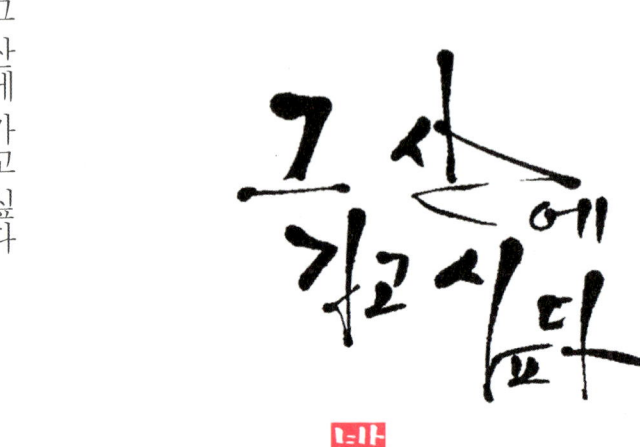

산은 정복의 대상이 아니다
다시 내려오기 위해 오르는 것
그 산에 가고 싶다

거리엔 붉은 멍이 들었다

눈물없이 당신을 지워낸
거리엔 붉은 멍이 들었다
차츰 온기는 희박해 졌고
바람은 점점 차갑고 무거워졌다

이제, 모두 떠나라

커피숍, 둥근탁자에 놓인
나태와 권태를 뿌리치고
이제, 모두 떠나라

누가 꽃의 배후를 보았는가

누가 꽃의 배후를 보았는가
향기롭고 아름다운 꽃이지만
꽃의 뒷모습은 꽃과 같지 않다
싱싱한 꽃의 배후를 보라

청춘과 황혼 사이에는

청춘과 황혼 사이에는
다가올 시간과 지난
세월이 있을 뿐이다

젊다는 것은

젊다는 것은
가면 뒤 철없음이 아닌
세상을 향해
눈물 흘릴 수 있는
뜨거운 심장과 속 넓은
내향을 가진 것 아닌가

내면이 고요할수록

내면이
고요할수록
더 많은 것을
들을 수 있다

너무 힘들어 마

너무 힘들어 마
우리가 함께 있으니까

이쯤에서 멈춰

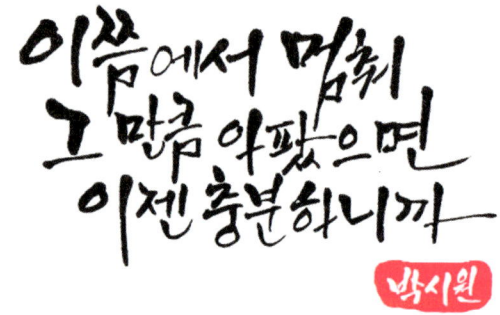

이쯤에서 멈춰
그만큼 아팠으면
이젠 충분하니까

박시원

계절이 비껴가는 거리에서

계절이 비껴가는 거리에서 또 당신을 기다립니다
눈 쌓인 거리엔 어둠과 당신 발자국만 남습니다
세찬 바람에 하얀 눈을 몰고 다니는 그림자 하나
기다림에 지친 세상이야기만 바람처럼 떠돕니다

세
상
 길
이
란
 누
군
가
에
게

세상 길이란
누군가에게
밟히면서 만들어진다

오후 한때 비

오늘 예보는 오후 한때 비
돌풍이 일고서야
마을 언저리부터 비가 뿌렸고
명찰 없는 옷들이
허공에 나부꼈다

너에게 반했어

너에게
반했어

오늘은 흐린 날이지만

오늘은 흐린 날이지만
내일은 파란하늘을
볼 수 있을거야

박시원

무엇을 위해 그리 애쓰는가

무엇을 위해 그리 애쓰는가
그저 가벼운 손으로
돌아가는 여행길인데

밥술
깨작깨작

일기
끄적끄적

꽃봉
몽글몽글

구름
둥실둥실

캘리
어화둥둥

밥술, 일기, 꽃봉, 구름, 캘리

글자는 써내려갑니다
저분가는 식사지만 맛을 내리고
캘리의 식단위을 올려봅니다

봄꽃이 지고 어느새

봄꽃이 지고 어느새
길변으로 여름꽃이
흐드러 집니다
여름꽃처럼 우리도
화려하게 피어납니다
뜨겁게 피어나는 삶
나 그대에게 뜨거운
사랑을 전합니다

시원

숲이 흔들린 까닭은
꽃이 졌기 때문이고
바람이 떠났기 때문이고
생각 둥지를 비우고
날아갔기 때문이다

시원

숲이 흔들린 까닭은

들꽃이 피어나

들꽃이 피어나

손길 없이도 꿋꿋하게 피는 꽃
눈길 없이도 곱게 피는 꽃
아무 곳에서 피어나지만
세상에 꽃향기 전한다

그래서 들꽃이 좋다

나이에 늙어 가는 것이 아니라

나이에 늙어가는 것이 아니라
세월에 곱게 물들어가는 것 입니다

세상이 환해지는 것은

세상이 환해지는 것은
밤 하늘의 달과 별들
그리고 아름다운 사람과
향기로운 꽃들 때문이리라

박시원

심장이 뜨거운 사람

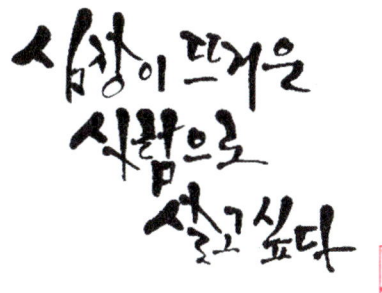
심장이 뜨거운 사람으로 살고 싶다

세상 사람들을 사랑과 관심으로 대하며 살자
지위고하를 막론하고 모든 사람을 공평하게 대하자
인간의 존엄은 똑같은 것이다 인간애는 현 시대에
필요한 가장 기본이 되는 덕목이 아니던가

그리움

그리움
가득한 날엔 하늘을 보자

세상 어디에도 정답은 없다
세상살이 정답을 찾는 것은
불가능에 가깝다
삶의 정답을 찾기 보단
세상 순리를 찾는 편이 낫다

세상 어디에도 정답은 없다

봄 여름 가을 겨울

봄
따뜻한 새싹 돋아나고 꽃이 핀다

여름
빗집 마당에 장맛비가 오래 머문다

가을
코스모스 흔들리는 들판 화려한 잔치가 열린다

겨울
빈 들에 하얀 눈 쌓인다
고드름 어는 처마 밑에 겨울이야기가
긴 긴 밤 이어진다

성공의 밑바탕엔

성공의 밑바탕엔
보이지 않는 간절함이 숨어있다

생경한 길에서

적막한 사람들이
생경한 길에 모여산다
생경한 길에서
눈물을 삼키고
별빛을 훔치고
햇빛을 뿌리치며
막막한 사람들이
생경한 길에서 꽃잎처럼
하롱하롱 지고 있다

그 길에선 안개마저

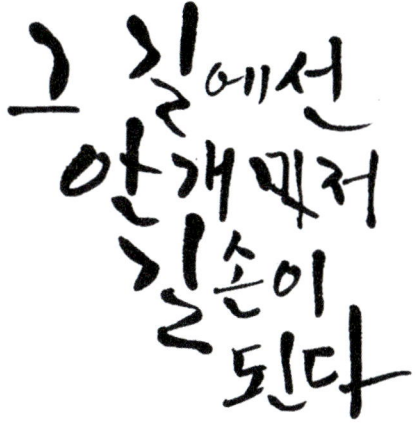

살
다
보
면

살다보면 비바람 치는 날이 있듯
인생사, 힘든 시절도 있다
거센 비바람을 이겨 내면
곱디고운 무지개를 바라볼 수 있다

박시원

따스한 손

따스한 손
잡을 수 없는 당신께
너무 그립다
너무 보고싶다
술 한병 들고
찾아나선 길

그립다는 말 밖에

그립다는 말 밖에
딱히 할말이 없습니다

내가 누군가의
세상이 될때
사랑이 시작된거야

내가 누군가의 세상이 될 때

끈기와 인내로

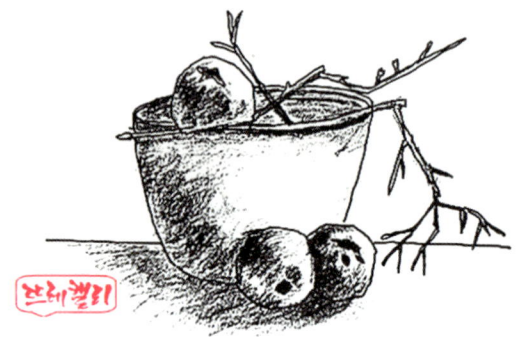

끈기와 인내로 유리멘탈을
강철멘탈로 바꾸어보자

별

까만 하늘엔 맑은 별 총총
까만 눈동자엔 그대 얼굴 총총

나에게

나에게 싱싱한
들꽃 한송이 보내준다면
그대에게 따뜻한 커피
한 잔 배달해 드릴께요

박시원

누구에게나

누구에게나
인생은
한 번 뿐이잖아
네가 하고 싶은 것
하고 살아

감동 한 잔 드립니다

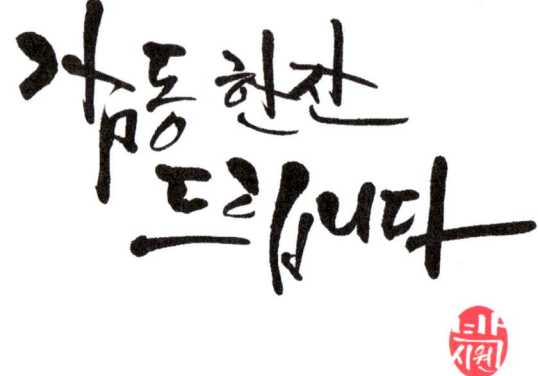

당신은 늘

당신은 늘 사랑받고
행복했으면 합니다

내일은 좀 더 편해질 거에요

오늘은 힘드셨죠
너무 걱정 말아요
내일은 좀더
편해질 거에요

겨울 전령

겨울 전령

대지를 덮는 하얀 융단
점점 쌓이는 눈
재촉하는 발걸음 사이로
바람처럼 겨울 전령이 지난다

어느새 모퉁이에

어느새 모퉁이에
나뭇잎이 쌓이기 시작했다
가볍게 버리고 비워야 할 시간
새로운 시작을 위해
 견뎌야 할 시간인가 보다

그래야 나도 행복하니까

세상 그 누구보다
기쁘게 이쁘게 살아라
그래야 나도 행복하니까

힘내 잘 될 거야

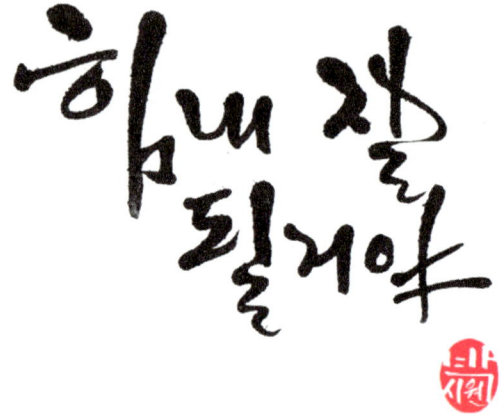

긴 호흡으로 자신의
생각과 마음을 채우고
다가올 미래를 준비하라

시원

긴 호흡으로

느
지
막
이
머
리
숙
이
고

느지막이
머리 숙이고
되돌아 갈곳은
꽃피고 새우는
내 고향 뿐이구나

꼭 되라

이슬에 젖은 소매를

이슬에 젖은 옷소매를
가을볕에 말리고
그대 가슴에 다시
봄꽃이 피어난다

시원

바람 부는 대로
물 흐르는 대로 사는 것도
좋지 아니한가

바람부는 대로 물 흐르는 대로

길변으로 꽃들이 만발합니다

길변으로 꽃들이 만발합니다
벌과 나비는 꽃 따라 자리를 옮깁니다
바람따라 향기가 퍼집니다
꽃 향기는 지친 마음을 달래 줍니다
꽃 자지러지는 길 따라 마음만
저만치 앞서 갑니다
벌과 나비가 지나는 길로 향수가 스칩니다

스스로 즐길 수 없다면
그것에 발을 담그지마라

스스로 즐길 수 없다면

붓으로 통하는 세상이야기

자신의 결정이

자신의 결정이
가장 올바른 선택이다

박시원

길을 잃는다는 것은

길을 잃는다는 것은
곧 가야할 길을
다시 찾는다는 것이다

남자와 여자

남자는 흥겨운 사랑
여자는 언제나 행복한 신랑
우리는 세상에서 가장
아름답고 행복한 신랑
가을 사랑 겨울 사랑
남자는 가을을 좋아하고
여자는 봄을 좋아한다
낙엽 밟고 가는 남자
하얀 눈을 좋아하는 여자
우리는 세상에서 가장 행복한 신랑
남자와 여자 남자는 가을을 사랑하고
여자는 봄을 노래하네

꽃 향기도 오늘의 날씨도

꽃 향기도 오늘의 날씨도
내 마음따라 흘러갑니다
우린 얼굴 찡그리지 말고 살아요

서로의 생각과 마음

서로의 생각과
마음을 나누는 것은
삶의 소중한 경험이다

시원

끙
끙

어디, 가장 아픈 곳을 깨물어줄까
고통에 익숙한 사람은 알겠지
끙끙이란 두 글자로 말한다는 것을

그러함에도 사랑합니다

그러함에도
사랑합니다

겨울이 지나면

겨울이 지나면 봄이 오는 거야

혼자가 모여

혼자가 모여 두사람이 되고
두 사람이 모여 우리가 된다

나 너 그리고 우리

무거운 발걸음
멈칫거리다 돌아보니
어느새 당신은 흔들리는
한 떨기 꽃으로 피어납니다

 무거운 발걸음

꽃처럼 화사한 마음으로

꽃처럼
화사한 마음으로
당신에게 달려갑니다

힘이 되는 사람

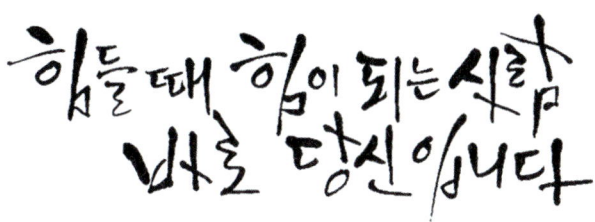

힘들 때 힘이 되는 사람
바로 당신입니다

곁을 지켜주는 사람이
내 사랑입니다

꽃도 사람도

꽃도
사람도
그리운 곳으로
마음이 향한다

가짜 친구 진짜 친구

가짜 친구는 소문을 믿고
진짜 친구는 나를 믿는다

시와 캘리그라피의 만남
각자 시인

제2부

기억나지 않는 밤

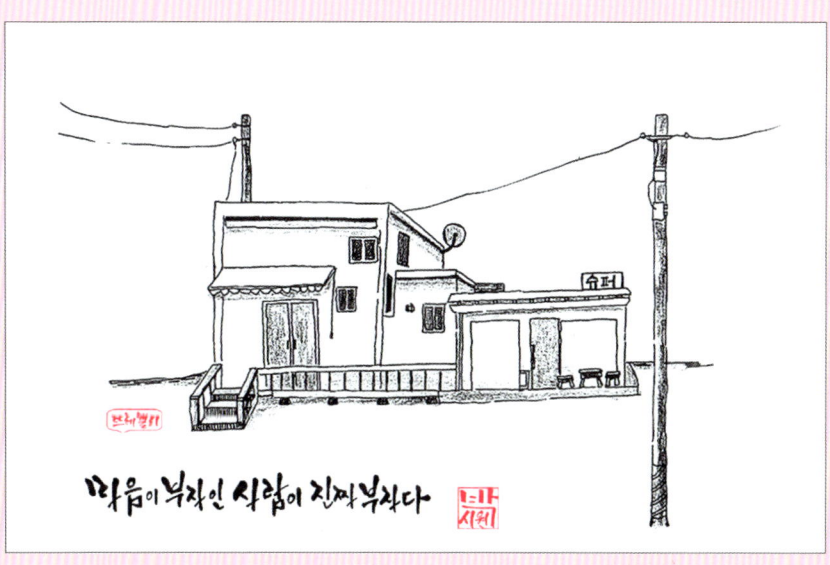

당신의 환한 미소

세상 아름다운 꽃이야 말로
당신의 환한 미소를 닮았다

서로 사랑하며 살자

꽃에 날아드는
벌과 나비처럼
서로 사랑하며 살자

언제나 그대는 아름답게 빛나라

언제나 그대는 아름답게 빛나라
꽃보다 향기로운 당신이기에
지치고 힘들 때 언제든 내에게로

봄날은 가네

봄날은 가네
마지막 인사도 없이
꽃은 말없이 피고지고
또 아련히 봄날은 가네

그대는 아름다운 꽃으로

황량한 들판
목석같은 나를위해
그대는 아름다운
꽃으로 피었구나

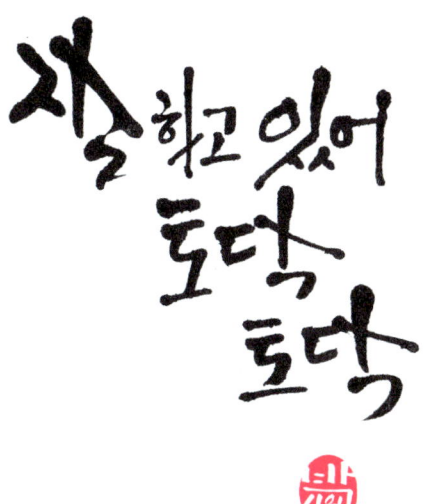

잘 하고 있어 토닥 토닥

아무리 힘들어도 희망을 가져라
삶의 열정과 꿈을 가져라
어깨를 살며시 토닥토닥

세상 어디 어느 한구석

세상 어디
어느 한구석 아프지 않은
사람이 있으랴
한순간이라도 불꽃처럼
뜨겁게 살아라

볕이 쏟아지는 날

볕이 쏟아지는 날
길모퉁이 작은 카페에 앉아
사랑시 한편 써
내려갑니다

박시원

바람이 불어 오는 곳

그대에게 안부를 묻는다

살 자고 있는지
먹고 있는지
웃고 있는지
그대에게 안부를 묻는다
박시원

백지 위에 꽃을 그렸다

백지 위에 꽃을 그렸다
지워내니 결국
사랑스런
당신 얼굴만 남는다

월
화
수
목
금
토
일

월화수목금토일

말이란

말이란
누군가를 우뚝
세우기도 하고
쓰러뜨리기도 한다

바람에 꽂은 피고지고

바람에 꽃은 피고지고
꽃처럼 우리 사랑도
피어납니다
강물이 흘러가듯
사랑이 흐릅니다
마음에서 마음으로

그날이 봄날이다

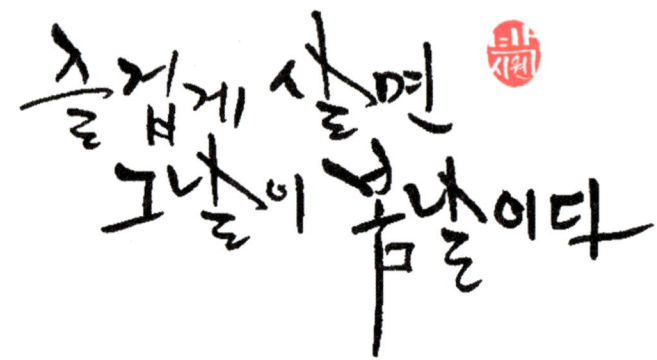

스스로 단점을 만들지 마라

스스로 단점을 만들지 마라
언젠가 단점이 자신의
약점이 되고 독이 된다

네
생
각
이
났
어

길을 걷다
어여쁜 들꽃을 보니
　네 생각이 났어

길을 걷다
윤슬 맺는 이슬을 보니
　네 생각이 났어

길을 걷다
싱그런 풀잎을 보니
　네 생각이 났어

행복이 꽃 피는 집

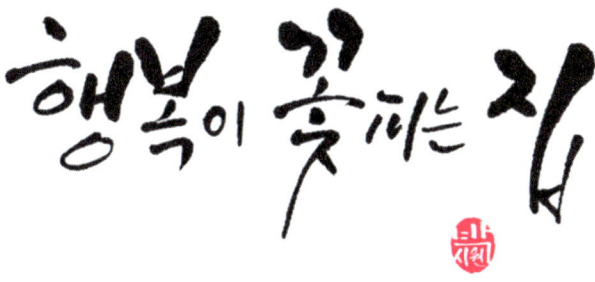

바람이는 언덕에서

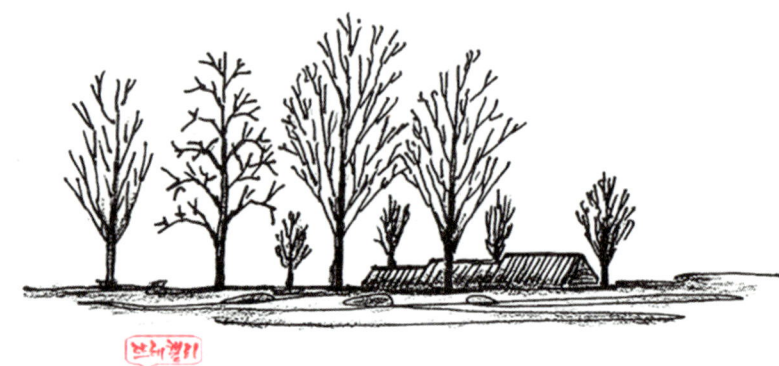

바람이는 언덕에서
들꽃 한송이 품에 안으면
몸에서 들풀 냄새가 난다
몸에서 들꽃 향기가 난다

해바라기처럼

한낮 열기에도
고개 숙이지 않는
해바라기 처럼
자신의 꿈을 향해
꿋꿋하게 걸어가자

희망이 꽃 핀다

길에서 길을 묻고

우리는
길에서 길을 묻고
그 길에서
길을 잃기도 하지만
다시 그 길 위에서
또 다른 길을 찾는다

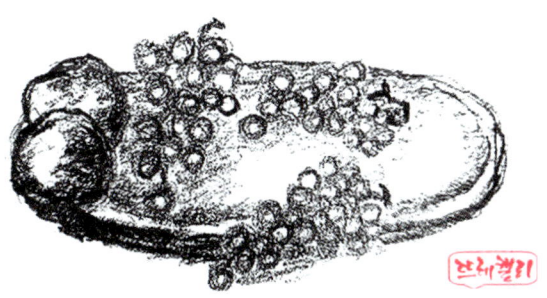

새
들
처
럼

해가 저물면 둥지를 찾는 새들처럼
때가 되면 둥지를 비우는 그들처럼
먼 길 재촉해 돌아오는 사람이 있고
그리움을 남긴 채 품에서 점점
멀어지는 사람도 있다
우리도 평생 그들처럼 살아간다

참

기억나지 않는 밤이 불쑥 찾아온다

기억나지 않는 밤이
불쑥 찾아온다
잊어도 그만인 모난 날들이
벌어진 틈으로 기어나온다
추억이 아닌 밤과 시간들은
길모퉁이에 가볍게
내려 놓아도 좋을 일이다

그대에게 가는 길

내 마음이 향하는 길이
그대에게 가는 길이다

박시원

사랑공작소

사랑은 만들어진 것이 아니라
스스로 만들어 가는 것이다

세상 미운 꽃이 없듯
누가 뭐래도 그대는
아름답게 피어난
한송이 꽃이다

세상 미운 꽃이 없듯

그
대
는

그대는
나무같은 나를 만나
싱그러운 잎새가 되었네
바람같은 나를 만나
꽃향기가 되었네
바위같은 나를 만나
변하지 않는 사랑이 되었네

까꿍 여보세요

그대가 그리운 날엔

그대가 그리운 날엔
종일 비가 내렸다
그대가 보고픈 날엔
펑펑 눈이 내렸다
그대가 떠나던 날엔
온통 꽃비가 내렸다

꽃자리에 그대 향한 그리움만

어느새 붉은 꽃잎은 떨어지고
꽃자리에 그대 향한 그리움만
덩그러니 놓아두고 옵니다

다정한 말에는

다정한 말에는
꽃이 핍니다

어둠은 고립의 시간

어둠은 고립의 시간
고립의 시간이 지나면
동창으로 새날이 밝는다
울 밖 붉은 접시꽃이
새색시처럼 활짝이다

너나없이

너나없이 손바닥만한
고독의 공간에서
짧은 활동사진을 보고
침묵하는 장단에
가볍게 어깨를 흔들었다
무섭히 마주친 시선은
늘 당황스러웠다

좁은 고독의 공간에서
담장 위 길고양이만
열린 세상을 똑똑히
보았을 뿐이었다

느
낌
이

좋
아

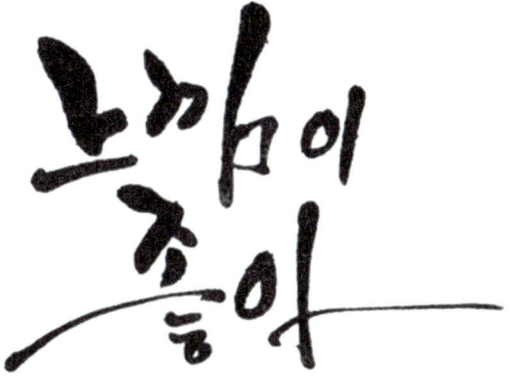

계절이 지나는 길에서

계절이 지나는 길에서
바짓단 아래로 바람이 들고
해도 그만 안해도 그만인
세상 사는 이야기 속으로
꽃들이 피었다 지고
멍하니 걷다가 문득
어제 떠난 사람을 생각하고
펑펑 눈 내리던
시리고 쓸쓸했던
어느 겨울을 추억한다

행복이란 문은

행복이란 문은
저절로 열리는 것이 아니라
내가 힘껏 여는거야

시원

네 인생에도

네 인생에도
예쁜 꽃이 필거야

내일을 향해

내일을 향해
숨이 차도록
발버둥치지 않으면
몇 번이고
쓰러지는 것이
인생인지라
각인된 운명처럼
힘껏 페달을
굴려야 한다

저기 먼 발치에 가을이 오네

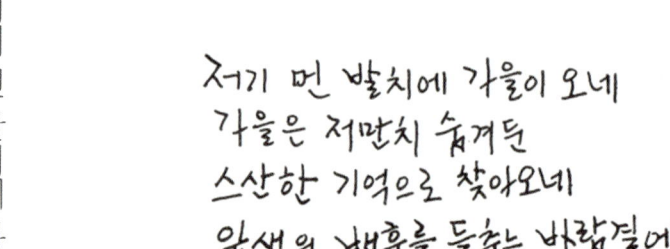

저기 먼 발치에 가을이 오네
가을은 저만치 숨겨둔
스산한 기억으로 찾아오네
앞새의 배후를 들추는 바람결에
가을은 기척없이 발끝에 머무네

시원

늘 별처럼 빛나길

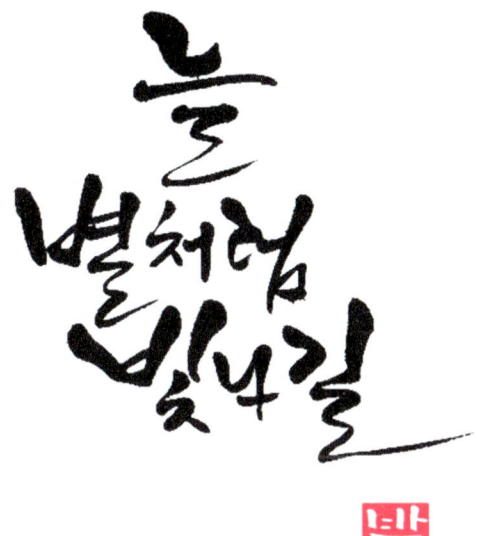

이미 잎새지는 길에 서 있다

비 갠 후 눈앞에 가을이 열린다
시선은 싱그런 가을로 달려간다
시원한 바람을 가르고 꽃밭을 지나
알록달록한 풍경속으로 걸어간다
급한 마음은 이미 잎새지는 길에 서 있다

눈 앞에서 하늘이 쪼개진다

눈 앞에서 하늘이 쪼개진다
이젠 하늘을 사이좋게 나눌수있겠지
쪼개진 하늘을 나누고
조각난 노을을 나누고
우리의 금간 시간을 나눈다
네것이 크던 내것이 작던
긴 숨 고르고 나니
누가 몰래
하늘을 이어 붙였다

박시원

끄적끄적 캘리

끄적 끄적
캘리

행복과 기쁨

행복은 불행을
견디기 위해 있고
기쁨은 슬픔을
감추기 위해
존재한다

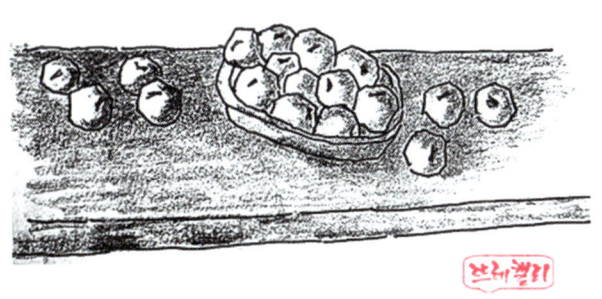

매
미

세상 밖으로
밑도 끝도 없이
울어대는 매미
이젠 끝물의 시간
해독 못할 소리에
귓속이 아리고 따갑다

별 헤는 밤

너도 나도 굿데이

너도나도 굿데이
우리 모두 굿데이

취기 도사린 길가에
시드렁하게 놓인 쓰레기통
역한 냄새를 풍기는
쓰레기통이 넘어지자
세상 고매한 품격 하나가
활짝 미소 지으며
큰길로 데굴데굴 굴러나온다
차오른 토악질로 눈물이 난다

취기 도사린 길가에

봄이 오면 내 마음에도

봄이 오면 내 마음에도
아름다운 꽃이 피겠지

겨울 지나고 훈풍 불어온다
멀리 떠난 새들도 제 둥지로 돌아오고
새물 올라 가지마다 꽃순이 돋는다
노란 순이 자라면 내 마음에도
꽃봉우리가 피어난다 봄이다
소생의 계절 봄날이 오듯
삶에 아름다운 꽃이 피어난다
가지마다 꽃잔치다

견고한 얼개처럼

서로 어깨를 나눈
대나무는 땅에 눕지 않는다
내 마음도 대나무의
견고한 얼개처럼
거센 바람 앞에 꼿꼿하면
얼마나 좋으련

같은 곳을 바라보는

같은 곳을 바라보는
것도 행복이다

사람 사이에 섬이 있다

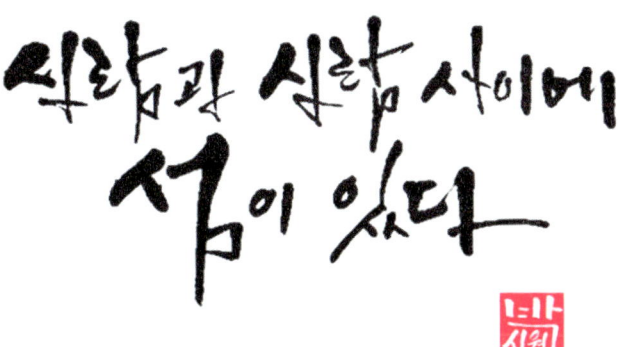

행여 우리 다시

행여 우리 다시
다가갈 수 없는 거리에
꿋꿋하게 서 있을지라도
어제 알던 내가 아는
당신이 아니어도 좋습니다

꽃 피는 봄이 오면

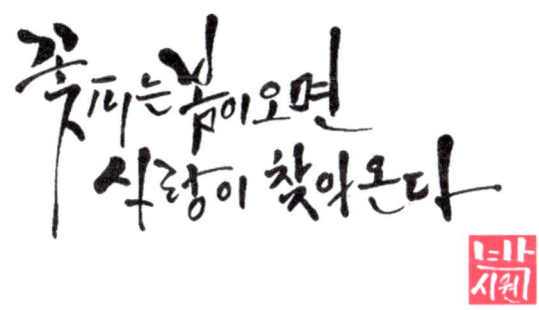

꽃피는 봄이 오면
사랑이 찾아온다

당신이 참 좋다

달달한 커피

달달한 커피
한잔 배달합니다

갈대는 바람을 등지고

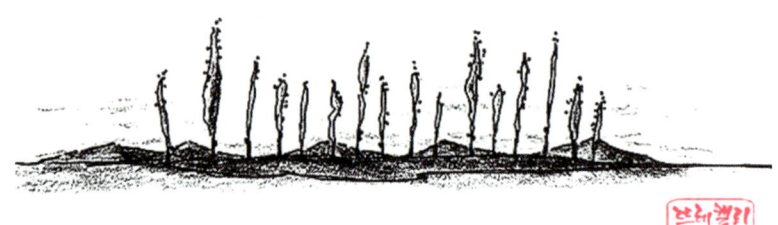

갈대는 바람을 등지고
흔들리고 있었다
흔들리며 바람과 함께
울고 있었다
갈대는 태어나는 순간부터
홀로 울어야 한다는 것을 알았다
인생 또한 소리없이 울어야 하는
갈대 같은 운명이었다

주문하신 꿈을

주문하신 꿈을 배달해드립니다

커피 한 잔

따뜻한 커피 한잔
오늘도 멋진 하루되세요

동행

동행

오늘이란

오늘이란
너와 나의 고귀한
선물입니다

곧 구름도 걷히겠다

더 펼치지도 못할 문틈으로
볕이 들다말고 빗방울 날아든다
빗방울은 문 밖 흠 많은 구두코를 적시고
무른 땅 위로 곤두선다
작았다 커지고 커졌다 또로 작아지는
단절없는 맥동처럼
종일 발기하는 투명한 심장들이
짓무른 땅에 벌름거린다
더 열릴 것도 없는 문틈으로
점점 사라지는 새 한마리
곧 구름도 걷히겠다 —

기억나지 않는 밤

편지는 바람부는 날 쓰는거야

편지는
바람부는 날
쓰는거야
그래야
바람에 띄워
보낼 수 있거든
네가 너무 보고
싶다고

바람을 이기는 꽃

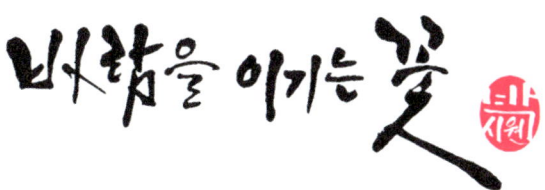

바람이 머물다 가는 곳에서
화려한 꽃이 자란다
바람을 이기고 피어나는
꽃들의 향연
바람이 머무는 외진 길에서
새 봄이 먼저 당도한다
바람을 이기고 서 있는
사랑스런 당신처럼

난파선같이 침몰하지는 말아요

세상 풍파에
갈대처럼 흔들려도
난파선 같이
침몰하지는 말아요

따스한 봄날

따스한 봄날
노란 봄꽃이 피어나

벽과 벽 사이에도

벽과 벽 사이에도
들풀이 자라고 꽃들이 핀다

반짝 반짝

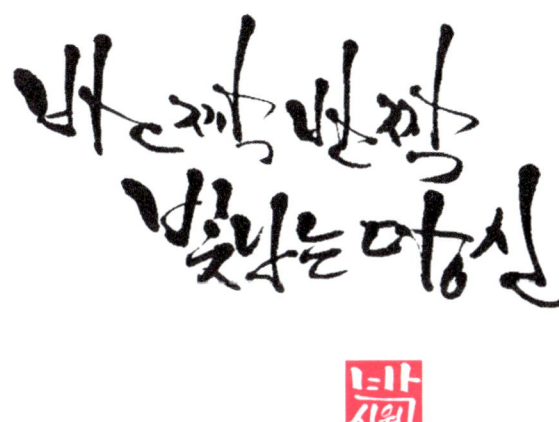

사랑의 징표

난간에 널린 사랑의 징표가
눈물 뿌리는 애증으로 변할 때
사랑은 비등하는 분노가 되었다

오직 사랑꽃이다

세상엔 시들지 않는 꽃은 없다
시들지 않는 세상 꽃은
오직 사랑꽃이다

빈 잔을 채우는 것이

빈 잔을 채우는 것이
따스한 커피만은
아니겠지요

기 적 에 대 한 믿 음

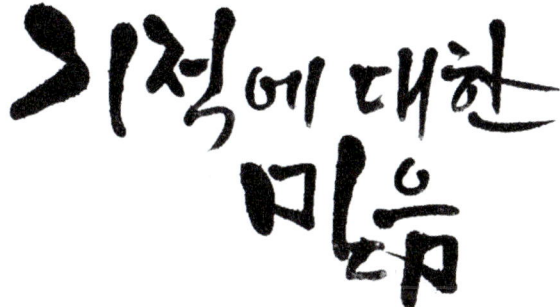

마을에 비가 뿌렸다

무거운 구름이 산등을 넘자
마을에 비가 뿌렸다
마른 대지를 적시고
잠든 꽃잎을 흔들어 깨웠다
바다를 건너온 빗방울은
길 가득 비릿한 향기를 풍겼다
빗방울은 고요한 마을에
파문을 일으켰다

박시원

당신이 꽃입니다

긴 골목을 꽃피나 꽃이 지는
계절로 접어듭니다
향기 가득한 골목에서 별이 지고
석양이 집니다 꽃이 지면
다시 겨울이 옵니다
먼 발치에서 되돌아오는 당신
꽃을 닮았네요 사랑스런
당신이 꽃입니다

그리움에 마음을 적시네

봄비에 옷깃을 적시고
그리움에 마음을 적시네

제3부

인생, 뭐 있어

함께 걸어 줄 누군가 있다는 것

동행
함께 걸어줄
누군가 있다는것
그것처럼 행복한
일이 없습니다

도전하지 않으면

도전 하지 않으면
성공의 기쁨도 실패의 경험도
얻을 수 없다

새들은 추락하는 것을

새들은 추락하는것을
먼저 배웠기에
두려움없이
하늘을 나는가보다

기어코 내 품에 안긴 당신

기어코
내 품에 안긴 당신
가을
꽃
나무
잎새
그리고
풀잎의 파도소리

다시 일어나면 되는거야

넘어졌다고 그자리에
쓰러져 울지말고
넘어질 때마다 다시
일어나면 되는거야

쿨하게 살자

너를 사랑하였다

나는 네가 너무 그리워
밤새 꿈속에서
너를 만났고
너를 사랑하였다

내가 만든 꽃

인생이란
내가 만든 나의
꽃이다

찬바람 불어와

찬바람 불어와 옷깃 여미네
이미 꽃은 시들어 떨어지네
남은 향기 마저 사라지고
화려한 계절로 잊혀지네
한순간 사려지는 생과의 이별
변해가는 세상 모든 것들은
하나의 의미를 놓아두고 떠나가네
새로운 내일을 위해 사라지는
세상 모든 것에 대해 찬사를 보낸다

자생하는 갱년의 시대

낡은 책꽂이 틈에서
자생하는 갱년의 시대
낙태라 쓰고 천태라 읽는
거대 종족간 끝없는 투쟁
나는 무엇을 읽고 쓰고
또 무엇을 먹고 사는가?

어머니

어머니
밤 깊도록 노래를 들었어요
한참 철지난 노래였지요
헤아릴 수 없는
세상 이별 노래만큼
주르륵 눈물이 흘렀어요
그때 어머니처럼
속절없이 나이를
먹어가는 모양입니다
이런, 세상에

시원

우리 손잡고

사랑이 봄처럼 다가옵니다

사랑이 봄처럼 다가옵니다

내 꿈을 향해

내 꿈을 향해 신나게 달려가자

엄니 내음 그리워

봄처럼
따뜻한
엄니 내음
그리워

 행운

행운은 자신을 믿을 때
자신도 모르게 찾아온다

내
사
랑
아

내 사랑아
넌 어디서 오니
내 청춘아
넌 어디로 가니

당신의 사랑은

인생, 뭐 있어

인생, 별거 없다지만

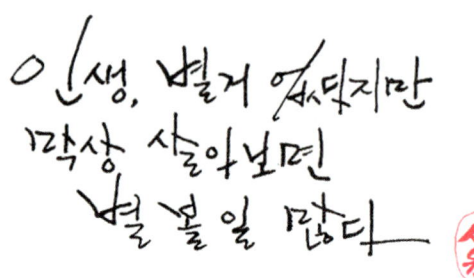

인생, 별거 없다지만
막상 살아보면
별 볼 일 많다

그 섬 사이엔

그 섬 사이엔 물끄러미 뭍을 향하는 바다가 있다
그 섬 사이엔 붉은 노을이 지는 바다가 있다
그 섬 사이엔 향수병 앓다 기별없이 떠난
하얀 파도와 같이 별이 지도록 해변을
걷는 쓸쓸한 바다가 있다 그 섬 사이엔

우리 만남은 필연이다

긴 동안거를 마치고

긴 동안거를 마치고
산문을 나서니
이미 봄이 찾아왔구나

봄꽃을 기다리듯

봄꽃을 기다리듯
당신을 기다립니다

꽃이 피다

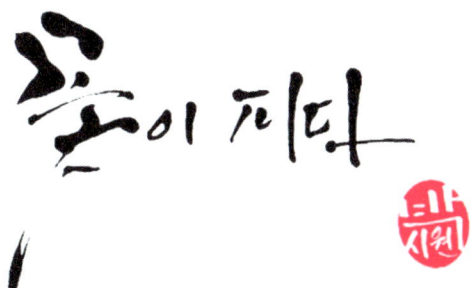

꽃이 피다

백지 위에 꽃이 피어나
아름다운 내 사랑 되었네

박시원

당신을 바라본다

따스한 봄을
기다리는 마음으로
당신을 바라본다

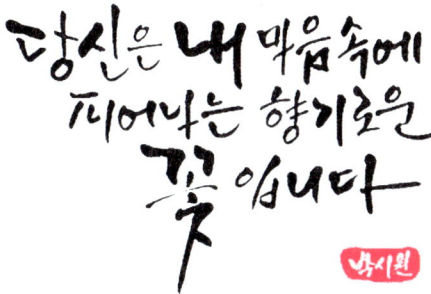

당신은 내 마음 속에

바람이 불어도

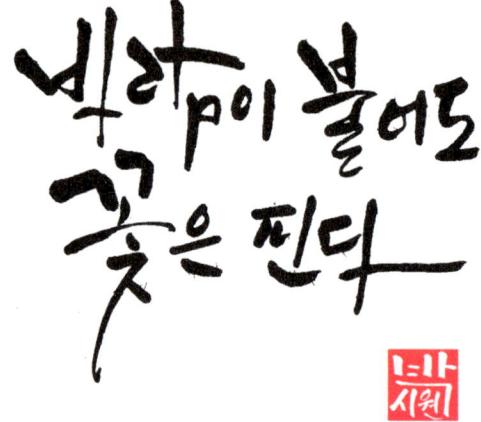

인생 뭐 있어

인생
뭐 있어

넘어지면 툭툭 털고
다시 일어나면 되는거야

고소한 커피향 같은

달고단 양갱은 아니지만
고소한 커피향 같은
하루가 되시길

꽃길만 걸어요

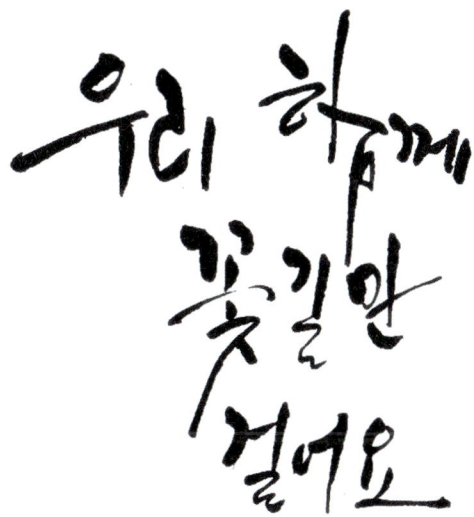

인생, 뭐 있어

견고한 나무처럼

바람을 견디는
견고한 나무처럼

새를 보라

가볍게 부상하는
새를 보라
얼마나 자유로운가

길에서 길을 묻다

언제나 그리움은
구름처럼 잡히지 않아도
아침 공기처럼 보이지 않아도
늘 곁을 서성이는
그림자 같습니다

언제나 그리움은

아는 만큼

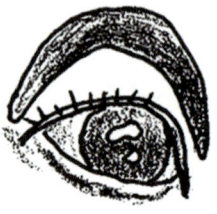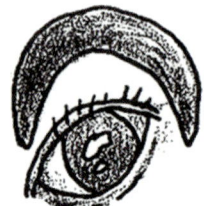

아는 만큼
세상이 보이고
세상은
그런
사람을 알아본다

별이 빛나는 밤에

까만 동공에 반짝이는 별
별빛은 머리 위로 흐르고
어둠은 별빛 속에 잠든다
별 따라 반짝이는 나의 꿈이여

시원

당신의 마음을 바라봅니다

가시를 숨긴 장미를
아름답게 바라보듯
당신의 마음을 바라봅니다
박시원

설레임이 없다면

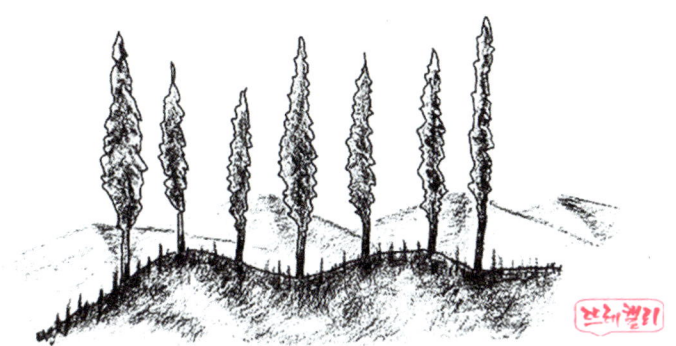

꽃을 보고 바람에 눕는
풀잎을 보고 설레임이 없다면
당신은 이미 늙은 것이다

천상운집

천상운집

천 가지 복이 구름처럼 몰려들기를

박 시원

뒷것으로 살다간 사람

평생
뒷것으로 살다간 사람
떠난 자리에 가벼운
앞것만 부산스럽다

박시원

넌지시 연통을 줍니다

세상이 어지럽고
시끄러워도
우리의 여름은
끝물이라고
넌지시 연통을 줍니다

가
짜
시
인

세상 많고 많은 시인 중에
가짜 시인이 아닌 진짜 시인으로
살고 싶다

누가 뭐래도

누가 뭐래도
우린 향기로운
꽃처럼 살자

길변 꽃들이 시들기 전에

길변 꽃들이 시들기 전에
아침 이슬이 사라지기 전에
가벼운 헛것을 버리고
성큼성큼 좁은 외길을 걷는다
박시원

호랑가시나무의 추억

다시 돌아온 크리스마스 시즌
뜨락 한 구석 뿌리내린
빨간 호랑가시나무의 추억
그 해 따스했던 어머니 품처럼
늘 평온하고 행복하였었네

오늘이 걸려 있다

가을 볕이 드나드는
베란다 창에
오늘이 걸려 있다
따뜻한 햇살 한 줌
빨간 꽃잎 한 장
봄을 추억하는 잎새 하나
오늘은 언제나
오늘 안에 있을 뿐이다

당신은 참 나쁜 사람입니다

당신은 참 나쁜 사람입니다
마음속에 저리 이쁜
꽃을 숨기고 있으니
말입니다

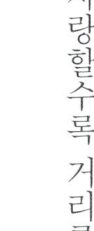

사랑할수록 거리를

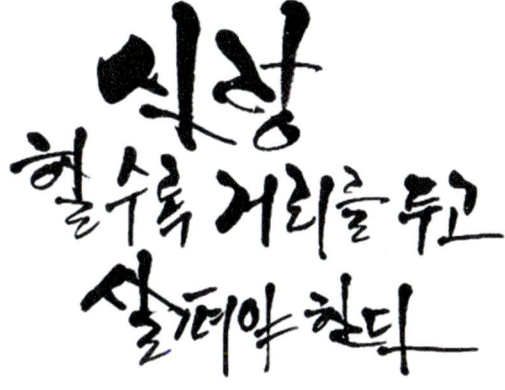

사랑
할수록 거리를 두고
살펴야 한다

나는 네가 그리웠다고

너에게 묻고싶은 말이 있어
너도 나처럼 나를 그리워 했냐고
그리고 네게 말하고 싶어
나는 네가 그리웠다고

무슨 상관있으랴

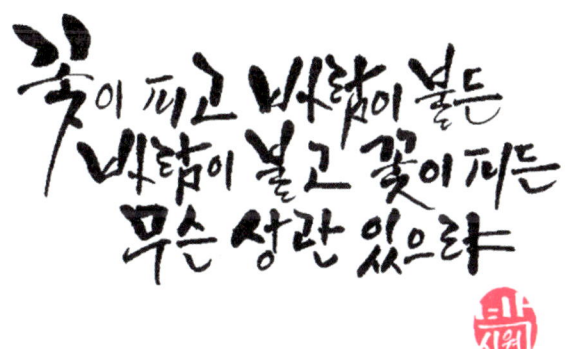

꽃이 피고 바람이 불든
바람이 불고 꽃이 피든
무슨 상관 있으랴

선으로 말해요

아직 새물이 오르지 않았다

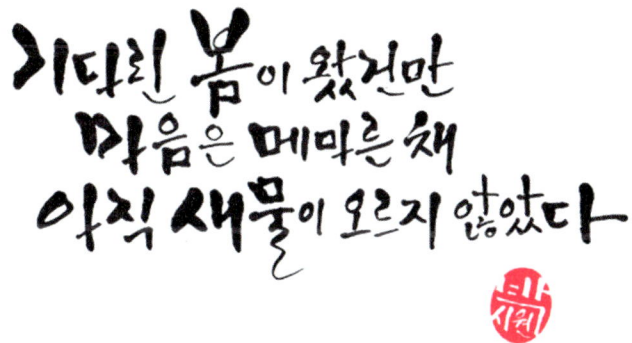

기다린 봄이 왔건만
마음은 메마른 채
아직 새물이 오르지 않았다

잘 가고 있는 거에요

길에서
벗어나지 않으면
잘 가고 있는 거에요

삶

인생, 뭐 있어

언제쯤 꽃이 피려나

언제쯤 꽃이 피려나

바람에 땅거죽이 벗겨진다
둥글게 말린 사람들이
지구 한 켠으로 밀려난다
난데없이 구덩이로 밀려난
사람들이 몸부림친다
기울어진 세상에서
더 기울어지는 사람들
그 땅엔 언제쯤
향기로운 꽃이 피려나

먼 길은 바다, 고래는

먼 길은 바다, 고래는
여전히 헤엄치고 있어요
바다 속을 쉼없이 날고 있지요
마치 새처럼

남겨진 바람

늦은 밤
인적 끊긴 거리에
홀로 남겨진 바람
밤새 울음 울었다

내 청춘아 내 사랑아
바다처럼 퍼렇게 멍들어도
다시 부서지는 하얀 포말이 되리라

내 청춘아 내 사랑아

행복은

행복은
깨알 같은 일상보다
잘 지켜진
여백으로부터 시작된다

공감의 기적

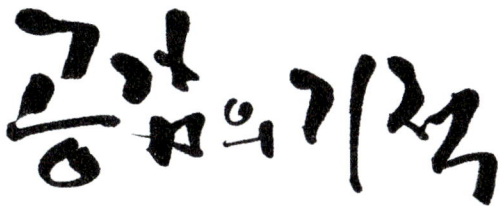

행복과 불행

행복은 맑고 깊은
호수에 머물고
불행은 멈추지 말고
바다로 흘러가라

행복한 사람은 앞을 보고

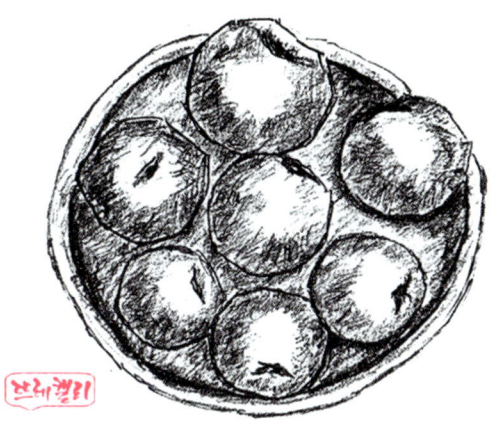

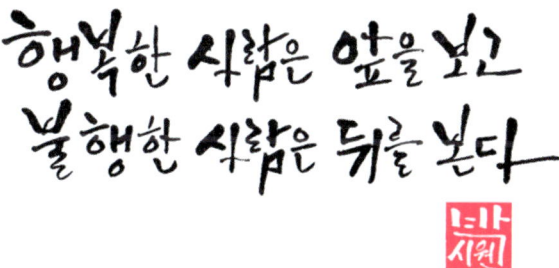

인생, 뭐 있어

째깍거리는 세월이 늙어갔다

째깍거리는 세월이 늙어갔다
서서히 늙어가는 것이
째깍거리는 시간만이 아니었으므로
밤낮없이 해와 달이 늙고
길변 꽃이 시들었다
째깍거리는 장단에 맞춰
뜨거운 심장은 거침없이 뛰었고
꽃처럼 곱게 늙어 갔다

세월아 너에게 묻는다
그래도 나를 사랑하는가

피어나

파란 하늘 아래
향기로운 꽃으로 피어나
벌과 나비가 날아든다
우리는 어디서든 꽃으로
아름답게 피어나
사랑하는 당신 가슴에
영원토록 시들지 않을 것이다
헌송이 꽃으로 피어나길

잠시라는 말 속에

잠시라는 말 속엔
잠시가 아닐거라는 의미가 숨어있다
잠시라는 말을 속삭이고 떠난
맹세는 아주 오랫동안 지켜지지 않았다
잠시라는 말이 잠시가 되는 일은
아주 드문 행운같은 것이었다

잠시 떠난다는 말
잠시 있다 오겠다는 말
잠시 기다려 달라는 말
이런 말들이 잠시가 되는 일은
아주 드문 경우였다

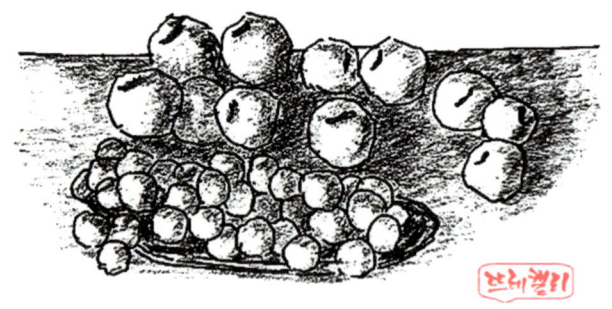

우리라는 말을

자주 우리라는 말을
되뇌이는 것은
외로운 사람들이
무거운 어깨를 조금씩 나누며
서로 의지하고 싶어서겠지

박시원

마음을 비워야

마음을 비워야
다시 채울 수 있다

꼬마 눈사람

꼬마눈사람

문밖 꼬마눈사람
눈물맺져 꽁꽁
얼어붙었다

박시원

장미꽃으로 세상을 채우고

장미꽃으로 세상을 채우고
내 사랑은 영원하라
행복으로 가득한 삶이여

꽃은 바람을 벗삼아 피어난다
이끌림으로부터 사랑은 시작되고
사랑의 시선은 향기로운 꽃처럼
당신에게 머문다

꽃은 바람을 벗 삼아 피어난다

내가 변하지 않으면

내가 변하지 않으면
세상이 나를 변하게 한다

험담을 담으면

험담을 담으면 독이 되고
칭찬을 담으면 꿀이 된다

내일은 더 이쁘고

내일은 더
이쁘고 아름다운
날이 될거야

다시 만날 결심

헤어질 결심보다
다시 만날 결심

시와 캘리그라피의 만남

가짜 시인

제4부

그래야 나도 행복하니까

진정한 친구

기쁠 때
곁에 머무는 친구보다
슬프고 괴로울 때
곁을 지켜주는 친구가
진정한 친구다

진실이 매몰되었다고
홀로 울지마라
깊은 눈물샘이 마를라

진실이 매몰되었다고

예쁜 마음에 꽃이 피다

예쁜 마음에 꽃이 피다

인생이란 백지 위에

나는 인생이란
백지 위에 어떤 그림을
그리려 하는가

노랑으로 개나리를 그리고

노랑으로 개나리를 그리고
초록으로 꿈을 그리고
빨강으로 해를 그리자
인생은 한 폭의 그림이다

눈의 은신처

밤새 눈이 내렸다
마을 어귀에 내 가슴에
눈은 정처없이 몰려다녔다
세상 가장 낮은 자리에
심술난 바람과 머물렀다
볕이 들때까지

시원

온종일 들꽃과

온종일 들꽃과
하늘의 별을
붙잡고 놀았다
이제 그만 제 자리로
돌려 줄 시간이다

밤새 별빛을 가슴에 담아

밤새 별빛을
가슴에 담아 맺힌 이슬
순한 바람에
풀잎은 흔들리고
이슬은 풀잎에
별빛을 녹이든 채
소리없이 떨어지네

시원

정직한 열매만이

정직한 열매만이
달콤한 맛을 낸다

진실의 껍질은

진실의 껍질은
한 겹으로 충분하지만
거짓의 껍질은
천 겹으로도 부족하다

이런 사람이 있습니다

이런 사람이 있습니다
까만 사막을 밝히는 별을 생각하는 사람
별과 나비가 모여드는 꽃을 바라보는 사람
청보리밭 사이로 스삭대는 바람에 눈물짓는 사람
처마에 걸린 빗방울을 물끄러미 쳐다보는 사람
세상에 이런 사람도 있습니다

시원

나
무
와
숲

가까이 있을 때

가까이 있을 때 서로 존중하고
멀리 있을 때 칭찬하고
설사 은혜를 잊어도 서운해 말고
자신보다 남을 먼저 위로해 주자

담벼락 아래

담벼락 아래
소담스런 채송화
붉은 꽃 세개
노랑꽃 세개
허름한 구석에서
사이좋게
결을 내주는구나

털어내 그냥

털어내 그냥
먼지일 뿐이야

무지개 구름을 타고
세상 메마른 땅 위에
단비를 뿌리고 싶다
바람부는 대로
무지개 구름을 타고
늘 기다리는 연인들
머리 위에 새하얀
눈을 뿌리고 싶다
나는 또 다시
눈 내리는 낯선 길목에서
악어처럼 알을 낳리고

무지개 구름을 타고

그리운 것은

그리운 것은
지난 세월이 아니라
점점 잊혀져
아련해지는
모정이었다

시원

가끔 먼 발치에서

가끔 먼 발치에서
자신을 바라봅니다
난 잘하고 있는가
잘 살고 있는가
늘 바쁜 일상이지만
길벗에 핀 꽃을 바라보며
아름다운 자신의 삶을
생각해 봅니다
까만 하늘을 바라볼
여유를 누리고 싶습니다
오늘도 밝은 태양이 뜹니다

누구보다 치열하게

누구보다
치열하게 살았고
뜨겁게 울었다
곧 우리의 여름도
불꽃처럼
사그라질 것이다

마냥 걷는다

마냥 걷는다
길 가던 행자를 붙들고
이곳이 어딘지
내 위치가 어딘지
굳이 물을 필요는 없다
그저 걷는다
이미 라거로 지나친 순간
울밖 웃자란 꽃들을 본다
앞길 잡고 걸어가는 길고양이의
느린 발자국을 따라
그냥 걷는다
밤새 충혈된 길은
언제쯤 핏기가 가실까

시원

사랑은 시들지 않는

하늘에서 가을이 떨어진다

하늘에서 가을이 떨어진다
가을은 오는 것이 아니다
뚝뚝 하늘에서 떨어지는 것이다
이제 하나 둘 사이좋게
가을을 주워담자   박시원

완벽한 소멸은 없다

완벽한 소멸은 없다
어느 누구도
소멸을 꿈꾸지 않는다
붉어진 노을을 바라보며
문득 영생을 꿈꿨을지 모른다
소멸은 안개에 쌓인
또 다른 환생이다
길을 걷다가 마주친
자신의 얼굴을
기억할 것인가

당신의 여름은

당신의 여름은
뽀송 뽀송

세상 아름다움을

세상 아름다움을
누구나 보는 것은 아니다
아름다운 생각과 시선을 가질 때
설령 초라한 세상일지라도
아름답게 보인다

세상 바닥은

세상 바닥은
자신이 걱정하는 만큼
그리 깊지 않다

맨날 그리운 너

맨날 그리운 너

단맛이 없거나 잃으면

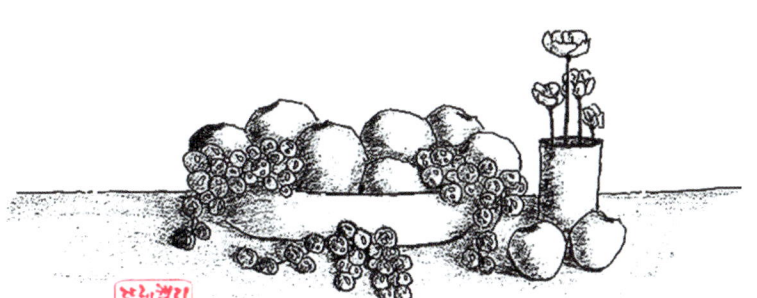

단맛이 없거나 잃으면
어느 순간 단단히 밀봉되거나
바닥에 버려진다

세상 꽃이 하나라면

세상 꽃이 하나라면
그것은 바로 당신

욕쟁이 아저씨

입에 욕을 달고 삽니다
큰 소리로 욕을 하고 싶어요
세상 향해 욕을 뱉는 아저씨
욕쟁이 아저씨가 되고 싶어요
거짓없이 살아가는 욕쟁이
입을 벌려 욕을 쏟아내는 늙은 아저씨
세상에서 가장 꼰대같은 욕쟁이
고운 입에 욕을 달고 삽니다
욕에서 붉은 장미가 핍니다
꽃은 욕을 먹고 잘 자랍니다
쑥쑥 자라는 욕쟁이 아저씨
세상에서 가장 아름다운 욕쟁이

인생에 있어 성공이란

인생에 있어 성공이란
얼마나 높이 올라갔느냐가 아니라
얼마나 많은 사람과 함께 했느냐에 있다 -

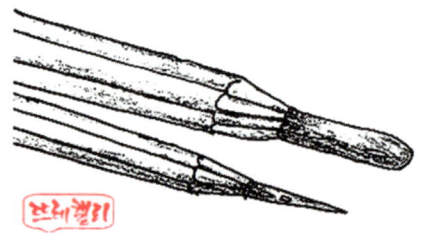

제 자리를 비우거나 떠날 때

제 자리를 비우거나 떠날 때
어떤 흔적과 생의 아름다운 이력을
남겨둘 것인가 생각해 보아야 한다

꿈 속에서 당신을 보았습니다

꿈 속에서 당신을 보았습니다

꽃잎 날리는 길에서
바람에 일렁이는 꽃향기
당신 고운 얼굴 보입니다
반짝이는 미소가 아름답습니다
꿈일지라도 행복합니다

초록은 동색

초록은 동색이라
우리는 격랑에 흔들리는
배에 동승한
크루다
박시원

브레겔리

나
도
한
땐

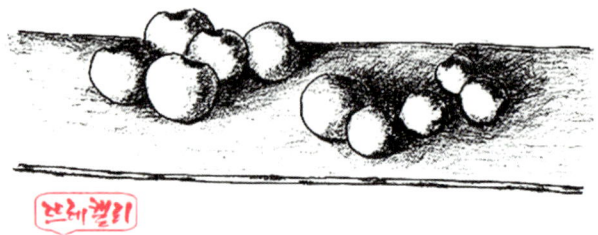

나도 한땐
청춘이었다
그러나
지금도 파릇한 청춘이다

사랑은 그렇게 피어

사랑은 그렇게 피어

넌 왜 웃니

넌 왜 웃니
그렇게 웃으니
참 좋더라

삶이 가장 어려울 때

삶이
가장 어려울 때
자신의 내면을
더 깊게 바라볼 수 있다

그냥 좋은거야

그냥 좋은거야

자신감과 자만

자신감과 자만은 차원이 다르다

인생은 폭풍이 지나가기를

인생은 폭풍이 지나가기를
기다리는 것이 아니라
폭풍속에서 춤추는 법을
배우는 것이다

바람부는 날이면

바람부는 날이면
당신 곁으로
날으려 갑니다
하얀 날개를
달고

그래야 나도 행복하니까

내 눈에 세상을 담기엔

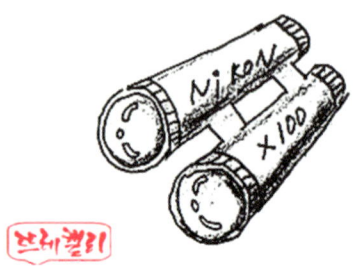

내 눈에 세상을 담기엔
세상은 너무 넓다

내실없이

내실없이 겉만 화려하면
속엔 누런 곰팡이꽃 핀다

낯선 사람처럼

낯선 사람처럼

긴 골목에 바람이 불고 밤새 비가 내렸다
좁은 길마다 적막한 공간을 적셨다
종일 세상은 비에 젖었다 어느 날
빛 잃은 낯선 사람처럼 싸늘하게

산이 흔들렸다

산이 흔들렸다
종종 앞산이 흔들렸지만
먼 뒷산은 흔들리지 않았다
흐릿한 뒷산처럼
이미 멀리있는 당신
점점 멀어지는 사람도
어떤 까닭으로
흔들리는지 알 수 없다
또렷한 앞산처럼
흔들리는 사람은 칼에 베인
상처처럼 쓰리고 아팠다
앞산보다 먼 뒷산이
자주 흔들렸지만
어느 누구도 먼 뒷산의
흔들림을 본 적이 없었다

시원

사랑이란 말은

사랑이란 말은
너무 흔해서
결국 사랑한다는
말을 전하지 못했다
지천으로 피어난 꽃처럼

잘 될거라 믿어

이 세상에 사랑이

이 세상에 사랑이
단 하나뿐이라면
난 여전히 당신을
택할 것입니다

세찬 바람이 불었고

세찬 바람이 불었고
대숲을 지나 비가 뿌렸다
비릿한 빗방울은 세상 가장
낮은 자리로 모여 들었다
세상 가장 낮은 자리는
새까만 바다 속에 있었고
바다가 속이 깊은 이유였다

어쩜 넌 그리

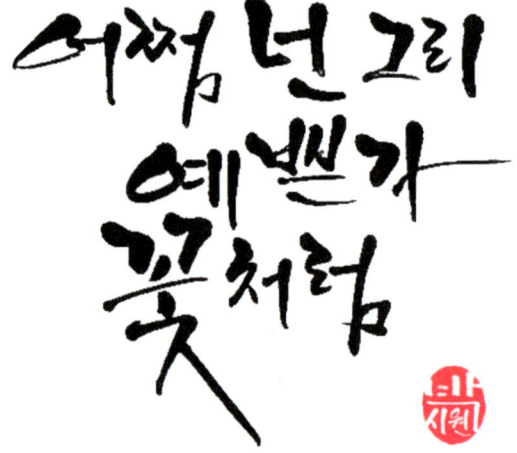

믿음이 깨지는 순간

믿음이 깨지는 순간
입은 눈꺼풀보다
무거워진다

작은 소망을

작은 소망을 켜켜이 쌓다보면
반드시 큰꿈이 이루어진다

박시원

바람은 서늘하고

바람은 서늘하고
햇살은 따갑다

그래야 나도 행복하니까

꿈은 잘 익은 사과처럼 붉다

꿈은 잘 익은 사과처럼 붉다
붉은 것은 어디서나 선명하다
꿈은 풋과일처럼 가지에
매달리기도 하고 더러 땅에
떨어지기도 한다
잘 익은 꿈은 거뭇한 땅에 떨어져도
주위를 환하게 물들인다
내 꿈이 땡볕 아래서 점점 붉어진다

바람꽃 피어나

바람꽃
피어나
세상
꽃밭이
되었다

흔들림에 대하여

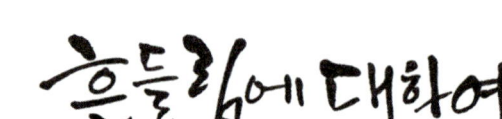

꽃은 흔들리며 피어난다
나무는 흔들리며 자란다
바람은 흔들리며 거세진다
사람은 흔들리며 강해진다
사랑은 흔들리며 깊어간다

시원

세월이 지나서야

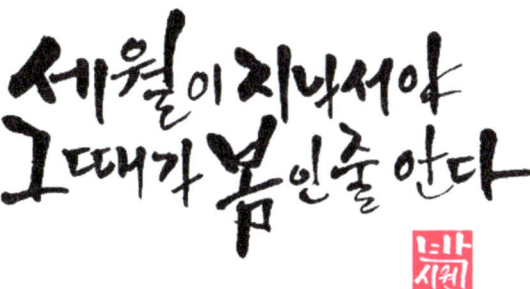

당신만 바라봅니다

그럼에도 불구하고

그럼에도 불구하고
당신을 사랑합니다

그래야 나도 행복하니까

희망이 있는 사람에겐

희망이 있는 사람에겐
절망이 있을 수 없고
절망을 품는 사람에겐
희망을 품을 수 없다

세상 풍파가 거세도

세상 풍파가 거세도
잘 먹고 잘 살길 바라며
앓아 눕지 않고 천수를 누리길
품에 희망 보석 하나씩 품고산다
인생은 다 그렇고 그런
거기서 거기라는 말
긴 그림자 밟고 가는 길 위에
햇살이 점점 짧아지고 있다

박시원

황혼이란

황혼이란
저무는 시간이 아니라
새로운 내일을
준비하는 시간이다

박시원

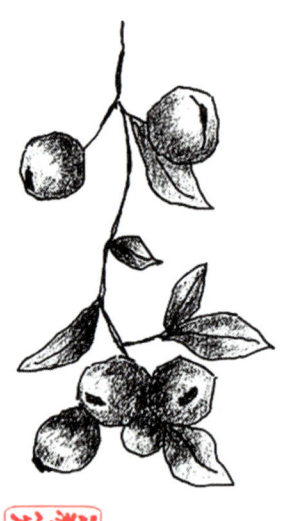

일장춘몽

흔들릴 필요는 없어

흔들릴 필요는 없어
다시 시작하면 되는거야

타인에 대한 험담은

타인에 대한 험담은
칭찬보다 빨리 퍼진다

그래야 나도 행복하니까

꽃이 피어나

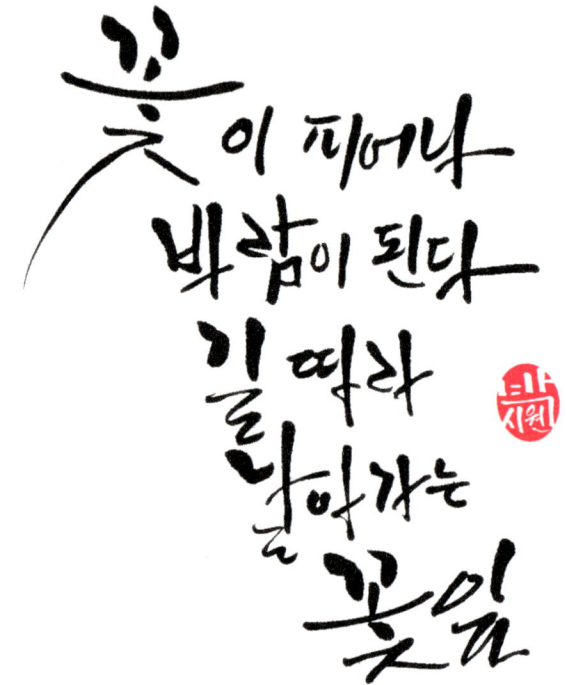

작게 시작하여

작게 시작하여
크게 이루리라

그래야 나도 행복하니까

어깨에 한 편의 짧은 시를

어깨에 한편의 짧은 시를 매달고
시원으로 날아가는 꿈을 꾸었다

그리움 가득한 날

석양이 아름다운 것은

석양이 아름다운 것은
내일의 밝은 태양을
품고 있기 때문이다

박시원

어쩌면 바람은

어쩌면 바람은
늘 꿈에 그린
무지개 솟는
언덕으로 내닫는
네 발 달린
족속이 아니었을까

사랑스러워져라

사랑스러워져라
그러면
사랑받을 것이다

제5부

백지 위에 꽃을 그렸다

활짝 핀 수국 옆에

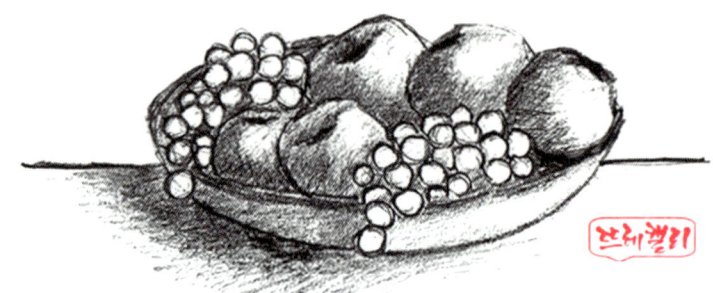

활짝 핀 수국옆에
덩그러니 놓인 의자
잠시 아침이슬과
바람이 머물다 떠났다
지친 누군가 비스듬이 앉아
쉬어가도 좋으련

고통과 절망을
이겨내는 묘약은
사랑 입니다

시원

고통과 절망을 이겨내는 묘약은

꽃처럼 피어날 당신

꽃이 몇 번 피었다 졌는지

꽃이 몇 번 피었다 졌는지 모르겠다
어쩌면 잊고 사는 것이 마음 편하겠다
그간 몇 번 꽃이 피고 졌는지
삼시세끼를 몇 번 했는지
다 기억하고 산다면
아마 그 세상이 지옥일 테니
바람에 꽃은 지고 있었다

온통 머리가 어지러운 것은

온통 머리가 어지러운 것은
아마도 지구가 제멋대로
내 주위를 빙글빙글 돌기 때문이다

사랑하니 사랑하오니

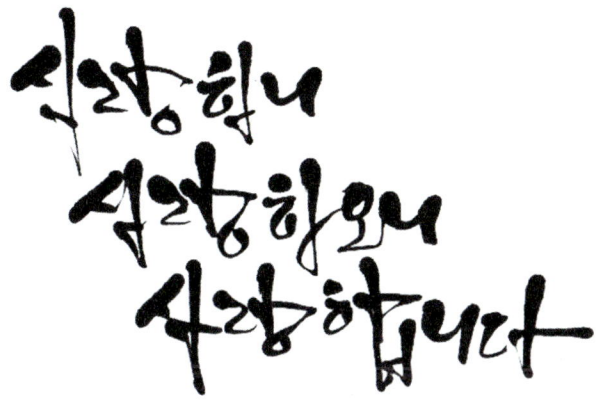

사랑하니
사랑하오니
사랑합니다

시간이 흐르면

상처는 시간이 흐르면
점점 아물어 가지만
상처에 익숙해지는
사람은 없다

갈 길은 아주 먼데

갈 길은 아주 먼데
가늠할 수 없는 안개속이다
네거리를 지나면
속도를 줄여야 한다
안개속에서는 꽃을 닮은 당신도
나부끼는 풀잎마저 보이지 않는다
안개속에서 속도를 줄이는 것이
방향을 잃지 않는
삶의 지혜가 아니던가—

언
제
나
그
자
리
에
서
빛
나
는
당
신

까만 하늘 별 하나 가슴 속 신앙 하나 꼭꼭 숨어있어 아침 밝아 오면 별 하나 가슴에 숨네 반짝이는 별과 같이 가슴 깊이 반짝이는 신앙 별이 지고 달 기울어도 내 신앙은 늘 초롱초롱 어둠을 밝히네 꽃이 지고 세월 흘러도 당신 향한 신앙의 맹세는 지워지지 않네 언제나 그 자리에서 빛나는 당신

때가 되면

때가 되면 물든 잎새가
결을 지키듯
내 사랑도 곁에 머문다
세월에 더 늦지 않도록
오월, 검붉은 장미를 기억하고
따스한 그대 손길을 그리워한다
사랑 또한 기억의 힘이다
캔버스를 가득 채운 그대얼굴
여백을 부지런히 채워가는 것은
열심히 살았다는 증거
여백을 채우고 남은 자리에
세상 가장 아름다운 꽃을 심어보자

박시원

사막이 아름다운 것은

사막이 아름다운 것은
어딘가에 오아시스를
숨기고 있기 때문이다

당신이 바로

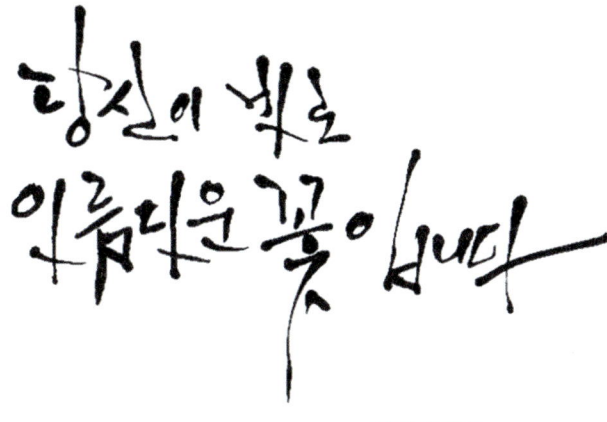

몇 번 새가 울고 갔는지

몇 번 새가 울고 갔는지
꽃이 몇 번 피고 졌는지
반달은 그리움을 채우며
제 반쪽을 찾아 갔다

바람은 대답했다

바람에게 친구가 있냐고 물었다
바람은 대답했다
하늘의 해와 달과 별 그리고
아침이슬과 안개에 숨겨진
꽃이 친구라고   박시원

만남

만남이 있으면 이별 또한 있는 것
만나고 헤어지는 일은 생의 한순간
이별이 아름답기를 바랄 뿐
돌아서는 뒷모습이 초라하지 않는 이별
이별 뒤에 어디서라도 다시 만날것을
기약해 봅니다. 만남과 헤어짐은
삶의 연속선임을 생각한다.

내 마음이

내 마음이
넉넉하고 풍성하면
설사 가진 것 없어도
결코 초라해 보이지 않는다
박시원

기다림과 그리움

기다림은 봄의 얼굴이고
그리움은 가을의 얼굴이다

가을엔

가을엔 잊혀진
사랑의 눈물을
기억하소서

곤경에 처한 사람에게

곤경에 처한 사람에게
힘과 용기를 주지 못하고
비난하고 무시하면
자신도 모르게 짙은
안개 속에 갇히게 된다

내 발그림을

내 발그림을 자꾸 지워내는 것은
하늘에서 떨어지는 빗방울
지우개 때문이리라

시원

태양을 바라보고 살아라

태양을 바라보고 살아라
너의 그림자를 못 보리라

세상 한구석 밥 먹듯
비극이 일어나도
우리는 키득키득 웃을 것이고
선술집에서 낮술 먹는 일처럼
세상 모든 비극과 희극은
우리 곁에서 늘 되풀이 된다

세상 한구석

다가올 봄처럼

다가올 봄처럼
당신을 기다립니다

마음의 선

마음의 선

자신의 말과 행동에

자신의 말과 행동에
격이 없으면
인격마저 의심 받는다

속 깊은 호주머니에
넣을 끔이 많아서
걱정이란 것을
밖에 꺼내 놓았다
시원

속 깊은 호주머니에

발
자
국

발자국

새하얀 눈밭을 걸어갑니다
순한 발자국이 따라 옵니다
왜 눈물이 날까요

내 그리운 어머니

달빛 넘는 담장 아래
가을이 오는 소리
가을을 마중하는
내 발걸음

달빛 넘는 담장 아래

달력 위를 거니는

달력 위를 거니는
빼곡한 시간 앞에서
채우기 위해 다시
비워야 하는 순간이 왔다
내일을 위해 지난 시간을
하나 둘 떼어내는 계절
가을은 고운 색으로 물든 숲길에
그리운 편지 한 장 내려 놓고
돌아선 어느 늦은 봄날이었다

그대는 어찌 그리
바쁜 것 인가

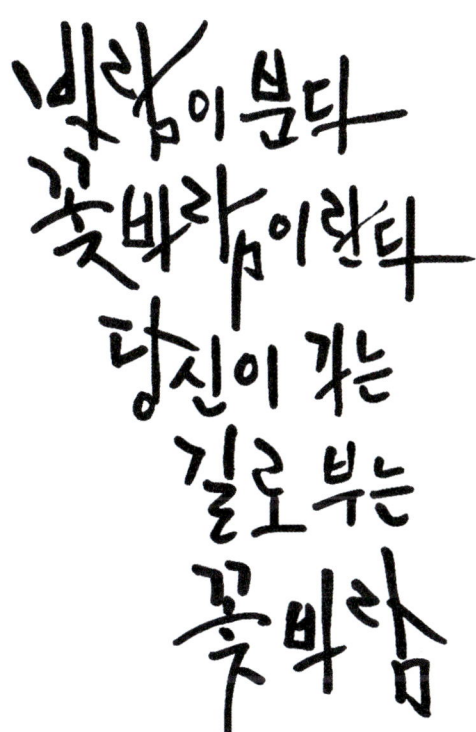

바람이 분다

말 속에는

말 속에는 날카로운 가시도 있고 꽃 향기도 숨어 있습니다

박시원

밤
하
늘
아
래

밤 하늘 아래
가장 빛나는 별이
바로 당신입니다

널 위해 준비한 마음

널 위해
준비한 마음
사랑해

작은 개울이 모여

작은 개울이모여 바다가 되듯
행복도 그러하다

우리의 아름다운 날들이여

우리의 아름다운 날들이여
세상에서 가장 사랑스런
당신을 바라봅니다

박시원

해를 닮은

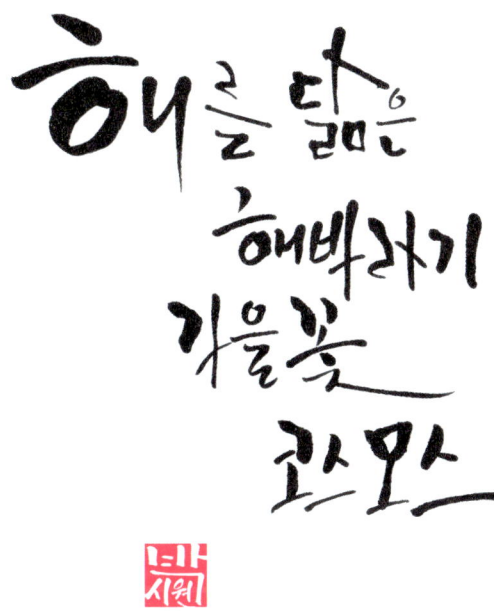

해를 닮은
해바라기
가을꽃
코스모스

머나먼 시원의 땅으로

머나먼 시원의 땅으로
날아가는 꿈을 꿔 봅니다

길고 어두운 밤도 지나고

길고 어두운 밤도 지나고
밝은 태양이 솟을 것이다

삶이란

삶이란

늘 즐겁고 행복한 것은 아니지만
누구도 대신 할 수 없는 것 때론
바람이 거세게 불어도 앞을 향해
묵묵히 걸어가는 것 삶

생을 위해

생을 위해
발버둥치다 보면
발목을 휘감은 줄도 풀린다
　　　　박시원

봄꽃이 무장무장

봄꽃이 무장무장
늙어가고 있다고요
어서 서두르세요

나
자신에게

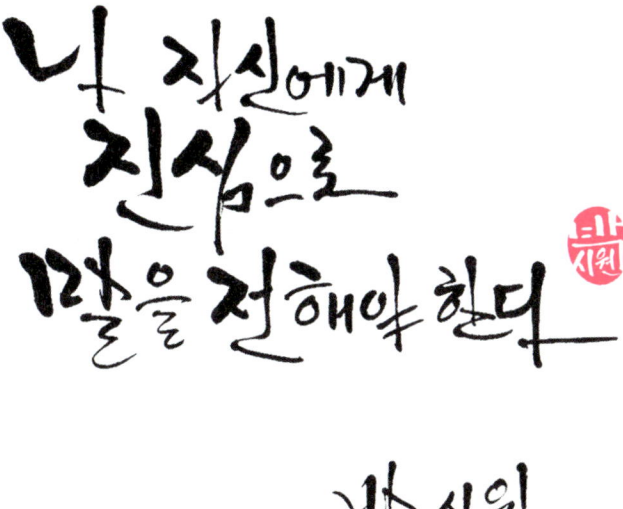

나 자신에게
진심으로
말을 전해야 한다

박시원

세상 둥글게 사는 것도

세상 둥글게 사는 것도
멋진 삶 아닌가

안개와 바람 길이
어디 따로 있느냐
안개는 안개길로
바람은 바람길로
아무렇게나 가라
제멋대로 가라 -

창 밖을 보라

창밖을 보라

흰 눈이 내린다

꽃은 비바람을

꽃은
비바람을
견디며 피는거야

박시원

꽃도 사랑도

꽃도 사랑도
정성껏 보살펴야
쑥쑥 자랍니다

오늘도 맑음

까닭없이

까닭없이 흔들리는
꽃잎은 없다

세상 꽃들은

세상 꽃들은 남몰래 피고진다
살랑거리는 바람을 따라
너와 나의 따스한 시간이 흐른다
긴 그늘 속에서 잎새는 물든다
붉게 핀 꽃들이 추억으로 사라진다

꽃으로 피어라

꽃으로 피어라

한 웅큼 별을 털어내
향기로운 꽃으로 피어라

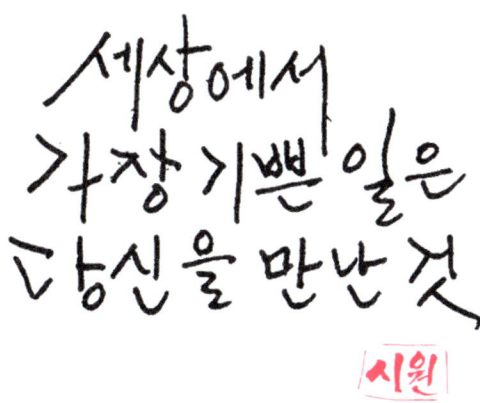

세상에서 가장 기쁜 일은

꽃보다 아름다운 사람을

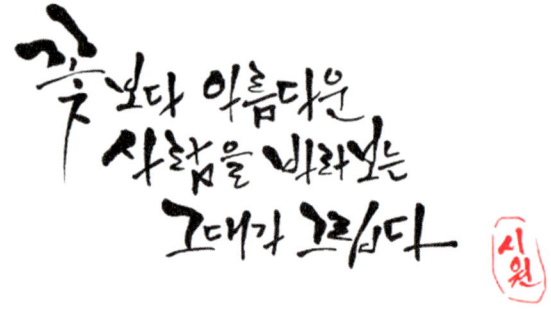

고
드
름

고드름

물 밖에서 시간이 자라는 것이다
추억이 자라는 착각은 시간이었다
점점 굳어지는 낯선 미소처럼
녹아 내리며 뚝뚝 자라는 고드름

거미줄에

거미줄에 목숨을 건 잠자리
네 희생으로부터
가을이 시작되었다

인생의 가장 아름다운 날은

인생의 가장 아름다운 날은
어제도 내일도 아닌
바로 오늘입니다

피어야 하는 것은

피어야 하는것은
꽃이 아니라
당신입니다

비에 언땅이 녹고

비에 봄 언땅이
녹고 들판에
새싹이 돋겠다

마음의 다리

믿음은 마음의 다리를
서로 이어가는 것

정든 사람들

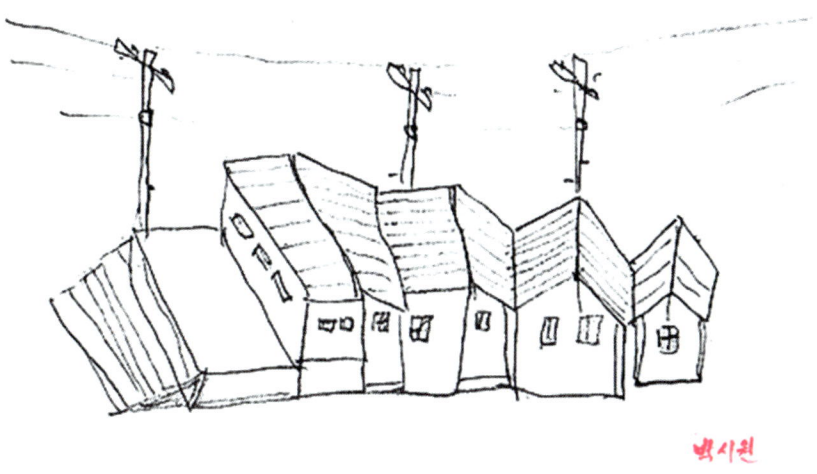

박시원

정든 사람들 얼굴이 떠오릅니다

집에 창을 내지 않으면

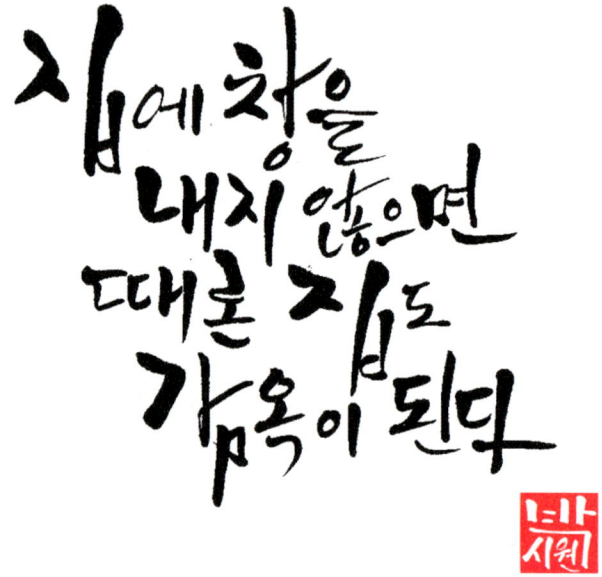

커피 한 잔의 여유

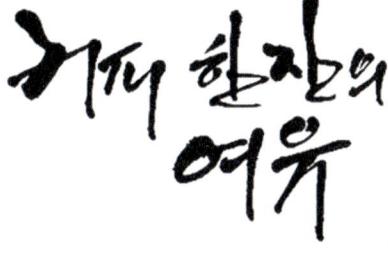

컥, 외통수에 걸린 세상

컥, 외통수에 걸린 세상
입술 아래 주구절절 매달린 가벼운 승거를
빼딱한 의자에 앉아 제 살가죽을 벗겨내듯
성난 화구를 부검하고 남 몰래 조작하고 있을게다

박시원

세상 길이란

세상 길이란
길을 찾는 사람에게 열리고
그 길을 끝내 걷는 사람만이
길 끝에 당도할 수 있다

나는 내 자리에서

나는
내 자리에서
잘 하고
있는가

풍요와 빈곤의 기준은
감사를 아는 마음의 차이다

너무 서두르지 말자

너무 서두르지 말자
여름이 지나야
가을도 오는법
일단 여름부터
문밖으로 밀어내자

인연

끊어질 듯 끊어질 듯
이어지고
이어질 듯 이어질 듯
끊어지는 것이
인연이다

눈꽃

눈꽃

옷깃 사이로 찬바람 스칩니다
따듯한 온기가 식어갑니다
여전히 정은 쌓여가고
너른 벌판에 눈이 내립니다
가지마다 봄이 온듯 꽃이 핍니다
가슴에 먼저 당도한 봄
우리 마음에 아름다운 꽃이 핍니다
찬바람에 온기는 식어가지만
사랑 꽃은 가득 피어납니다
벌써 봄이 지리 합니다
옷깃으로 부터 쌓여온 봄소식
겨울 속에 새하얀 꽃이 피어납니다

누가 고양이 목에

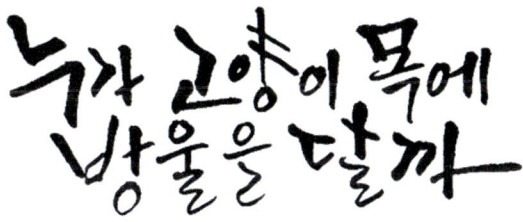

삶이란

삶이란
등 뒤로 시시때때
꽃이 피고
바람이 불고
눈이 쌓이고
어둠을 밝히는 별이 뜨고
기쁨과 아픔이 서로 인사하고
희망을 키우는 샘이 솟고

얼마나 그립다고

얼마나 그립다고
낯 놓고 기다리는가
무엇이 서럽다고
그리 울어대는가
나뭇가지에 매달린
청개구리 한마리

박시원

태풍이 지났다

태풍이 지났다
우듬지에 바람의
끝이 머물러 있다
길 잃은 귀뚜라미
방안을 이리저리
굴러다녔다

오늘도 고맙고

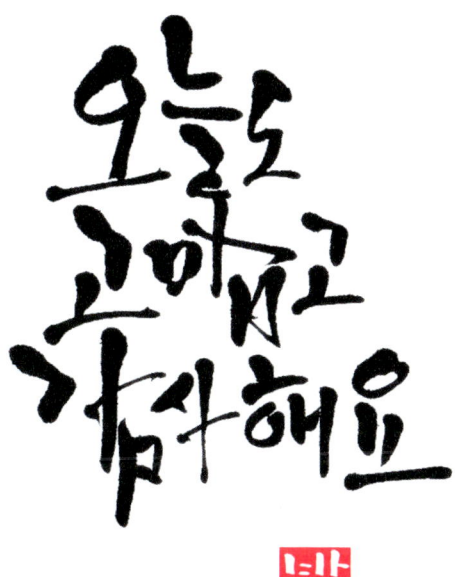

날지 못하는 새가 있다

날지 못하는 새가 있다
날개를 달고 날지 못하는 새
날개는 그저 쓸모없는 몸의 일부일까
하늘 높이 날지 못하지만
달리는 속도를 내고 균형을 바로 잡는다
날개, 그 쓰임에 대한 편견에
사로잡혀 있지 않은지…

문
밖
세
월
은

문밖 세월은 가녀린
손가락 사이로 빠져 나가고
두손에 가려지는 파란 하늘과
당신의 고운 얼굴
창가에 걸린 붉은 꽃잎은
밤새 홀로 흔들리는데

뻔히 답을 알면서

뻔히 답을 알면서
질문을 던지는 것은
질문 속에 당신이란
답이 숨어있기 때문이다

누군가 활짝 핀 꽃을 훔쳐갔다
훔쳐간 꽃은 사막에서 뿌리를 내렸다
누군가 망설임없이 바람을 훔쳐갔다
길 잃은 바람은 바다 위를 떠돌았다
누군가 저하듯 흔들린 시선으로
내 마음을 훔치려 했지만
어느 누구도 그것만은 훔치지 못했다
마음은 여전히 사막에서 꽃과 함께
무럭무럭 자라고 있었다

백지 위에 꽃을 그렸다

너의 삶은

너의 삶은

언제나
아름다워

시와 캘리그라피의 만남

ⓒ 박시원, 2025

발 행 일	2025년 3월 31일
지 은 이	박시원
발 행 인	이영옥
편 집 인	송은주
펴 낸 곳	도서출판 이든북
출판등록	제2001-000003호
주 소	대전광역시 동구 중앙로 193번길 73
전화번호	(042)222-2536
팩시밀리	(042)222-2530
전자우편	eden-book@daum.net
공 급 처	한국출판협동조합
주문전화	(02)716-5616
팩시밀리	(031)944-8234~6

ISBN 979-11-6701-335-4 (03810)
값 20,000원

* 잘못된 책은 바꾸어 드립니다.
* 이 책 내용의 일부 또는 전부를 재사용하려면 반드시 저자와 이든북 양측의 동의를 받아야 합니다.